ねこねこ日本史でよくわかる

日本の歴史

原作 そにしけんじ
監修 福《ふく》田《だ》智《とも》弘《ひろ》

実業之日本社

もくじ

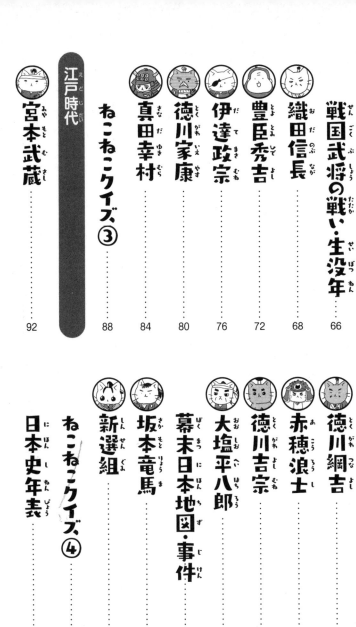

ページの見方《みかた》

人物紹介《じんぶつしょうかい》のページ

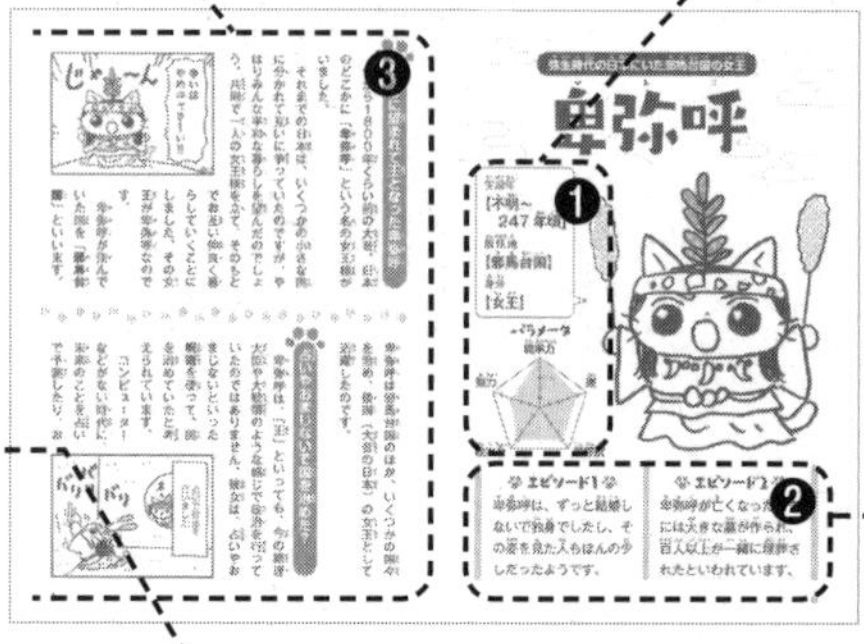

③人物紹介《じんぶつしょうかい》

その人物《じんぶつ》が歴史《れきし》の中《なか》で、どのような活躍《かつやく》をしたのかを詳《くわ》しく紹《しょう》介《かい》しています。

④図《ず》解《かい》

人物相関図《じんぶつそうかんず》や地《ち》図《ず》などで、見《み》た目《め》にわかりやすく、その人物《じんぶつ》を紹介《しょうかい》しています。

⑥年号《ねんごう》ゴロゴロ合《あ》わせ

その人物《じんぶつ》に関《かん》する大事《だいじ》な年号《ねんごう》を、覚《おぼ》えやすい語呂《ごろ》合《あ》わせとともに紹介《しょうかい》しています。

①プロフィール

その人物《じんぶつ》の生《う》まれた年《とし》と亡《な》くなった年《とし》、身分《みぶん》や本名《ほんみょう》などのほか、能力《のうりょく》をグラフにしたパラメーターが書《か》かれています。

②エピソード

その人物《じんぶつ》の人柄《ひとがら》や意外《いがい》な一面《いちめん》がうかがい知《し》れるエピソードを紹《しょう》介《かい》しています。

⑤コラム

②や③で取《と》り上《あ》げられなかったその人物《じんぶつ》に関《かん》するエピソードをコラム形式《けいしき》で紹《しょう》介《かい》しています。

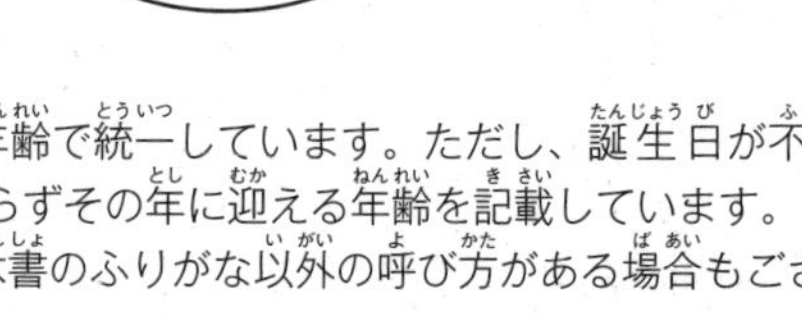
そのほか、
クイズページや
特別《とくべつ》ページも
あるニャ～

注意点《ちゅういてん》

※年齢《ねんれい》はすべて満年齢《まんねんれい》で統一《とういつ》しています。ただし、誕生日《たんじょうび》が不明《ふめい》な人《ひと》も多《おお》いので、誕生日《たんじょうび》にかかわらずその年《とし》に迎《むか》える年齢《ねんれい》を記載《きさい》しています。

※人名《じんめい》に関《かん》して、本書《ほんしょ》のふりがな以外《いがい》の呼《よ》び方《かた》がある場合《ばあい》もございます。

弥生《やよい》時代《じだい》から奈良《なら》時代《じだい》まで

卑弥呼《ひみこ》　聖徳太子《しょうとくたいし》　持統天皇《じとうてんのう》　聖武天皇《しょうむてんのう》

弥生時代《やよいじだい》の日本《にっぽん》にいた邪馬台国《やまたいこく》の女王《じょおう》

卑《ひ》弥《み》呼《こ》

生没年《せいぼつねん》
【不明《ふめい》～
247年頃《ねんごろ》】
居住地《きょじゅうち》
【邪馬台国《やまたいこく》】
身分《みぶん》
【女王《じょおう》】

パラメータ

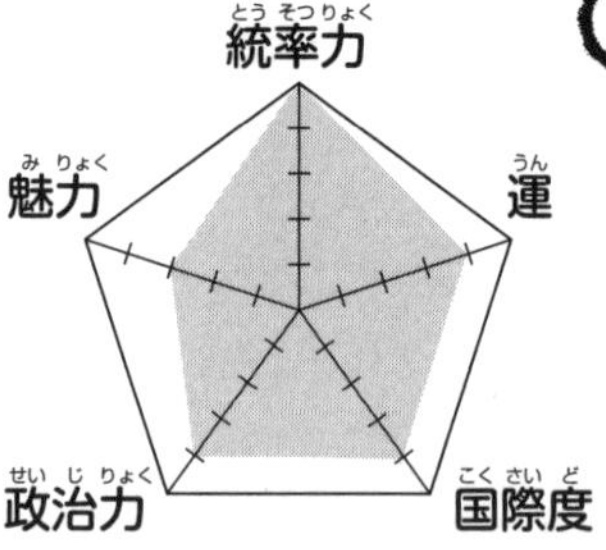

エピソード1

卑弥呼《ひみこ》は、ずっと結婚《けっこん》しないで独身《どくしん》でしたし、その姿《すがた》を見《み》た人《ひと》もほんの少《すこ》しだったようです。

エピソード2

卑弥呼《ひみこ》が亡《な》くなったときには大《おお》きな墓《はか》がつくられ、百人以上《ひゃくにんいじょう》が一緒《いっしょ》に埋葬《まいそう》されたといわれています。

みんなに望《のぞ》まれて王《おう》となった卑弥呼《ひみこ》

今《いま》から1800年《ねん》くらい前《まえ》の大昔《おおむかし》。日本《にっぽん》のどこかに「**卑弥呼**《ひみこ》」という名《な》の女王様《じょおうさま》がいました。

それまでの日本《にっぽん》は、いくつかの小《ちい》さな国《くに》に分《わ》かれて互《たが》いに争《あらそ》っていたのですが、やはりみんな平和《へいわ》な暮《く》らしを望《のぞ》んだのでしょう。共同《きょうどう》で一人《ひとり》の女王様《じょおうさま》を立《た》て、そのもとでお互《たが》い仲良《なかよ》く暮《く》らしていくことにしました。その女《じょ》王《おう》が卑弥呼《ひみこ》なのです。

卑弥呼《ひみこ》が住《す》んでいた国《くに》を「**邪馬台**《やまたい》**国**《こく》」といいます。

卑弥呼《ひみこ》は邪馬台国《やまたいこく》のほか、いくつかの国々《くにぐに》を治《おさ》め、倭国《わこく》（大昔《おおむかし》の日本《にっぽん》）の女王《じょおう》として活躍《かつやく》したのです。

占《うらな》いやおまじないで国《くに》を治《おさ》めた?

卑弥呼《ひみこ》は、「王《おう》」といっても、今《いま》の総理《そうり》大臣《だいじん》や大統領《だいとうりょう》のような感《かん》じで政治《せいじ》を行《おこな》っていたのではありません。彼女《かのじょ》は、占《うらな》いやおまじないといった**呪術**《じゅじゅつ》を使《つか》って、国《くに》を治《おさ》めていたと考《かんが》えられています。

コンピューターなどがない時代《じだい》に、未来《みらい》のことを占《うらな》いで予測《よそく》したり、お

まじないで雨《あめ》を降《ふ》らしたりといった能力《のうりょく》はとても貴重《きちょう》なものとされていました。

卑弥呼《ひみこ》は、神社《じんじゃ》にいる「巫女《みこ》さん」のように、神《かみ》と人《ひと》とをつなぐような存在《そんざい》だったと考《かんが》えられています。だから「ひみこ」という名前《なまえ》だったのかもしれませんね。

ちなみに、今《いま》の総理大臣《そうりだいじん》のような形《かたち》で国《くに》を治《おさ》める仕事《しごと》は、卑弥呼《ひみこ》の弟《おとうと》が担当《たんとう》していたといわれています。

卑弥呼《ひみこ》が中国《ちゅうごく》に使《つか》いを送《おく》った理由とは？

２３９年《ねん》、卑弥呼《ひみこ》は、中国《ちゅうごく》にあった**魏**《ぎ》という大国《たいこく》に使《つか》いを送《おく》り、贈《おく》り物《もの》を捧《ささ》げます。これに対《たい》し、魏《ぎ》の国《くに》の皇帝《こうてい》は、よりたくさんの貴重《きちょう》な品々《しなじな》を卑弥呼《ひみこ》に与《あた》え、さらに「**親魏倭王**《しんぎわおう》」と書《か》かれた**金印**《きんいん》も贈《おく》りました。卑弥呼《ひみこ》を倭国《わこく》の王《おう》として認《みと》めるという意味《いみ》です。

その頃《ころ》、まだ日《にっ》本《ぽん》国内《こくない》には卑弥呼《ひみこ》らと対立《たいりつ》する国《くに》もありました。これらの敵《てき》と戦《たたか》うために、卑弥呼《ひみこ》は大国《たいこく》である魏《ぎ》の国《くに》を味方《みかた》につけようとしていたのでしょう。

やがて、卑弥呼《ひみこ》が亡《な》くなると、日本《にっぽん》は再《ふたた》び大《おお》いに乱《みだ》れることになります。しかし、その後《ご》、今度《こんど》は「**壱与**《いよ》」という若《わか》い女性《じょせい》を女王《じょおう》とすることで、また倭国《わこく》は治《おさ》まったといわれています。

年号《ねんごう》ゴロゴロ
合《あ》わせ

239年《ねん》 卑弥呼《ひみこ》、難升米《なしめ》を
魏《ぎ》に派遣《はけん》

コラム

卑弥呼《ひみこ》がいたという邪馬台《やまたい》国《こく》ですが、それが日本《にっぽん》のどこにあったのか、いまだにわかっていません。九州《きゅうしゅう》か、近畿地方《きんきちほう》にあったという説《せつ》が有力《ゆうりょく》なのですが、中《なか》には、沖縄《おきなわ》とかフィリピンにあったという人《ひと》もいます。

若《わか》くして摂政《せっしょう》として活躍《かつやく》！

聖《しょう》徳《とく》太《たい》子《し》

生没年《せいぼつねん》
【574年《ねん》〜
622年《ねん》】
本名《ほんみょう》
【厩戸皇子《うまやとのみこ》】
身分《みぶん》
【摂政《せっしょう》・皇太子《こうたいし》】

パラメータ

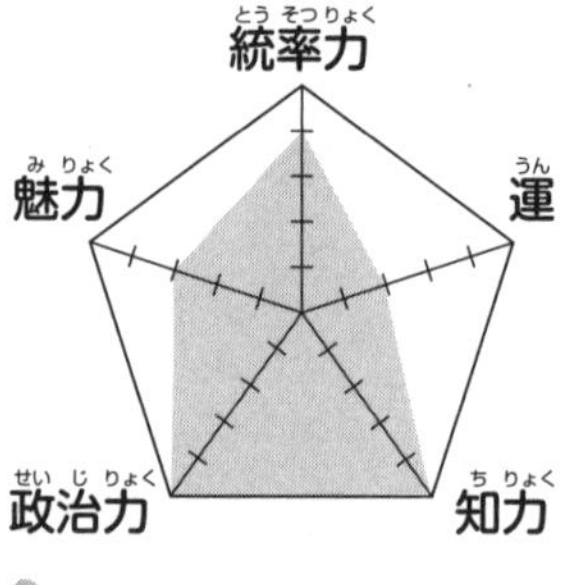

エピソード1

聖徳太子《しょうとくたいし》には一度《いちど》に 10 人《にん》の話《はなし》を聞《き》いて、それぞれにきちんと対応《たいおう》したという伝説《でんせつ》があります。

エピソード2

聖徳太子《しょうとくたいし》の本当《ほんとう》の名前《なまえ》は「厩戸皇子《うまやとのみこ》」で、馬小屋《うまごや》の前《まえ》で生《う》まれたともいわれています。

19歳《さい》で政治家《せいじか》デビュー

聖徳太子《しょうとくたいし》は、お父《とう》さんも、おじいさんも、そのまたお父《とう》さんも天皇《てんのう》という家柄《いえがら》に生《う》まれました。生《う》まれてすぐに言葉《ことば》をしゃべったという伝説《でんせつ》があるくらいなので、とっても賢《かしこ》い子《こ》どもだったのでしょう。

彼《かれ》が叔母《おば》である**推古天皇**《すいこてんのう》の**摂政**《せっしょう》となったのは19歳《さい》の時《とき》。「摂政《せっしょう》」とは、天皇《てんのう》を助《たす》ける役割《やくわり》を持《も》った人《ひと》のことです。19歳《さい》というと、まだ大学《だいがく》1年生《ねんせい》くらいの年齢《ねんれい》ですから、若《わか》くして政治《せいじ》の世界《せかい》で活躍《かつやく》したということになりますね。

また、政治《せいじ》の世界《せかい》だけでなく、仏教《ぶっきょう》を広《ひろ》めることにも力《ちから》を尽《つ》くしました。**法隆寺**《ほうりゅうじ》、**広隆寺**《こうりゅうじ》、**四天王寺**《してんのうじ》などの有名《ゆうめい》なお寺《てら》は、聖徳太子《しょうとくたいし》が建《た》てたといわれています。

役人《やくにん》の心構《こころがま》えなどを示《しめ》した聖徳太子《しょうとくたいし》

聖徳太子《しょうとくたいし》は、冠《かんむり》の色《いろ》で役人《やくにん》の等級《とうきゅう》を分《わ》ける「**冠位十二階**《かんいじゅうにかい》」という制度《せいど》をはじめました。それまでは、どういう家柄《いえがら》に生《う》まれたかで位《くらい》がだいたい決《き》まっていたのですが、それからは個人《こじん》の活躍《かつやく》によって、偉《えら》くなることもできるよ

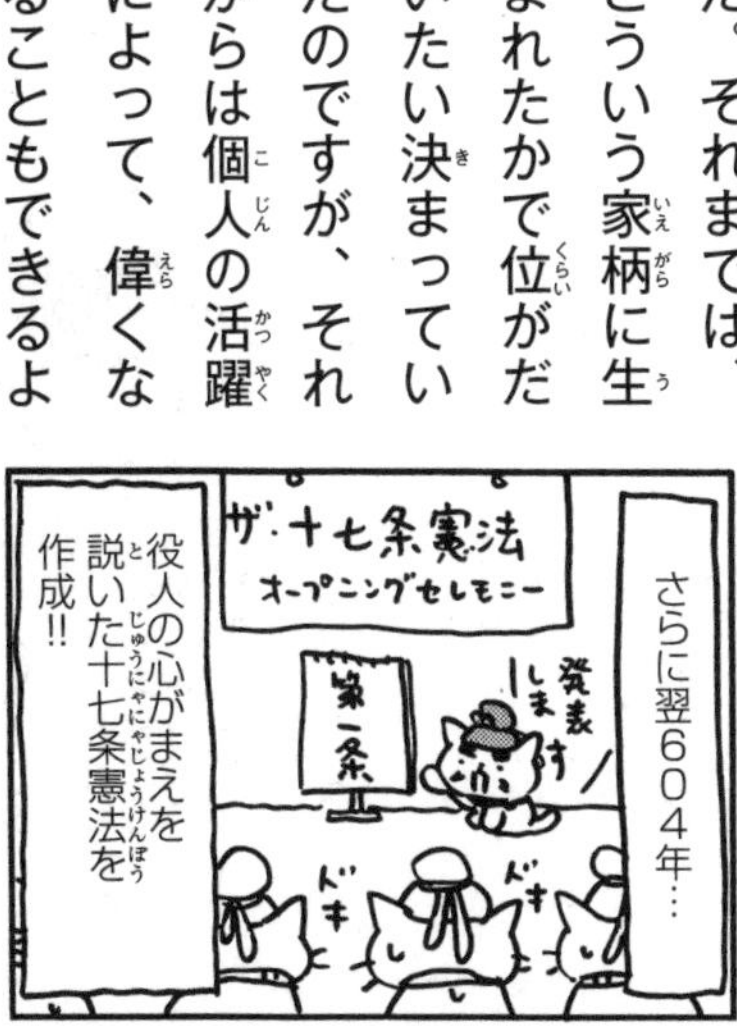

うになったのです。

また、聖徳太子《しょうとくたいし》は、役人《やくにん》の心構《こころがま》えなどを示《しめ》した「**十七条憲法**《じゅうしちじょうけんぽう》」もつくっています。「人《ひと》の和《わ》を大切《たいせつ》にしよう」「仏教《ぶっきょう》を敬《うやま》おう」「1人《ひとり》で物事《ものごと》を決《き》めないで、みんなで話《はな》し合《あ》って決《き》めよう」などという決《き》まりを示《しめ》したのです。中《なか》には、「朝《あさ》は早《はや》く来《き》て、遅《おそ》くまで仕事《しごと》をしよう」なんていう決《き》まりもありました。それまでは遅刻《ちこく》したり、すぐ帰《かえ》っちゃったりする役人《やくにん》が多《おお》かったのかもしれませんね。

海《うみ》を越《こ》えて国際的《こくさいてき》にも大活躍《だいかつやく》

聖徳太子《しょうとくたいし》は、中国《ちゅうごく》にあった「**隋**《ずい》」という大国《たいこく》に使《つか》いを送《おく》り、交流《こうりゅう》を持《も》つようにもしました。隋《ずい》に送《おく》った使《つか》いのことを「**遣隋使**《けんずいし》」といいます。進《すす》んでいた中国《ちゅうごく》の文化《ぶんか》を学《まな》んで、日《にっ》本《ぽん》の国《くに》づくりに活《い》かしたのですね。

隋《ずい》に派遣《はけん》された使《つか》いとしては「**小**《お》**野**《のの》**妹**《いも》**子**《こ》」という人《ひと》が有名《ゆうめい》です。「妹子《いもこ》」という名前《なまえ》だけれど男性《だんせい》です。彼《かれ》は、隋《ずい》の皇帝《こうてい》に面会《めんかい》した後《のち》、隋《ずい》の役人《やくにん》らと一緒《いっしょ》に帰国《きこく》しています。

622年《ねん》、聖徳太子《しょうとくたいし》は48歳《さい》の若《わか》さで亡《な》くなります。この時《とき》、日本国中《にっぽんこくじゅう》の人々《ひとびと》がその死《し》を大《おお》いに悲《かな》しみ、「これから先《さき》は誰《だれ》を頼《たよ》りにしたらよいのか?」などといって泣《な》き叫《さけ》んだといわれています。

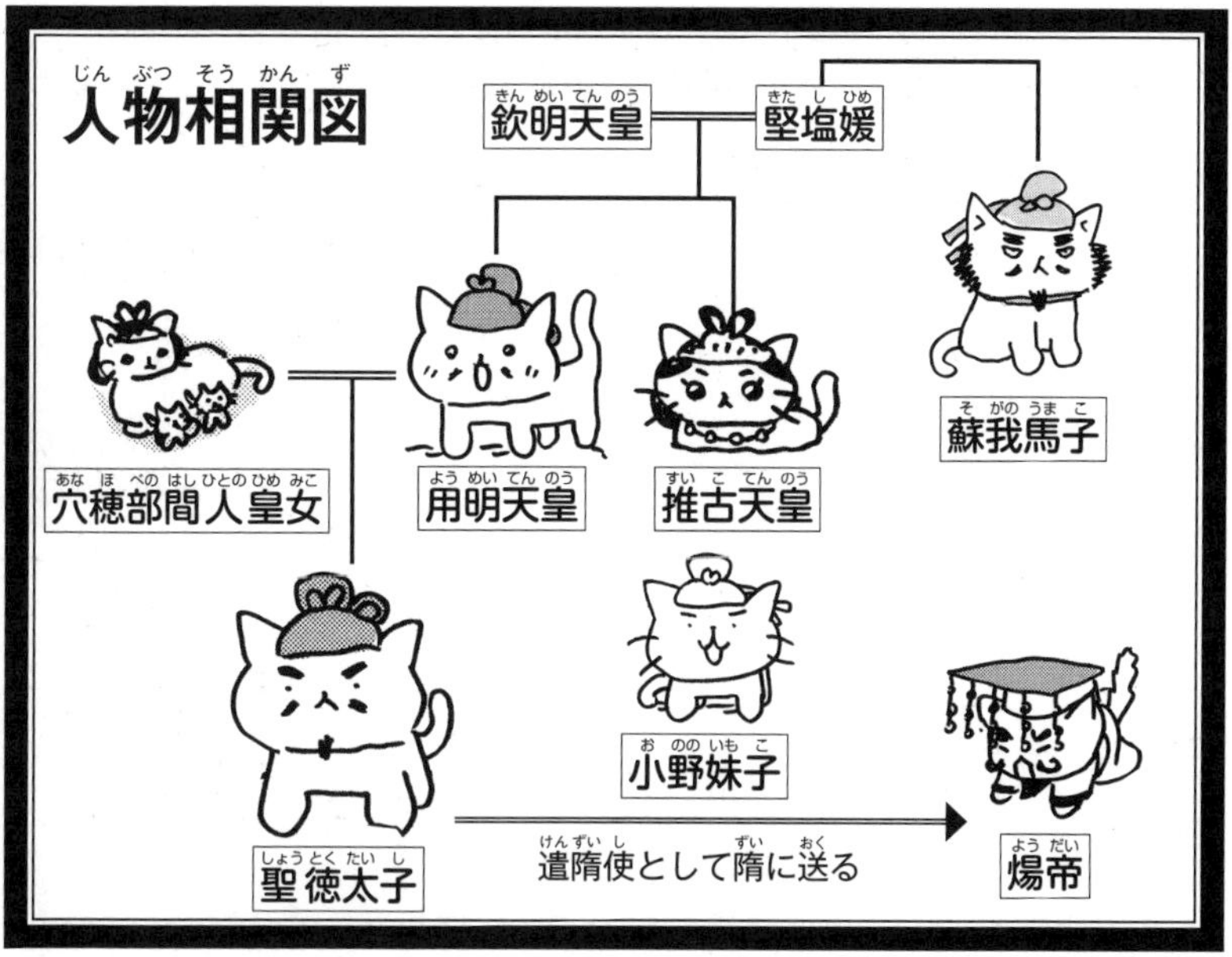

年号《ねんごう》ゴロゴロ合《あ》わせ

593年《ねん》
聖徳太子《しょうとくたいし》が
摂政《せっしょう》になる

コラム

聖徳太子《しょうとくたいし》が生《い》きていた時代《じだい》に書《か》かれた本《ほん》などは現在《げんざい》、残《のこ》っていません。そのため、本当《ほんとう》は聖徳太子《しょうとくたいし》はいなかったんじゃないかとか、伝説《でんせつ》は大《おお》げさに伝《つた》わっているだけなんじゃないかという人がいるのも事実《じじつ》です。

天武天皇《てんむてんのう》の遺志《いし》をついだ女帝《じょてい》

持《じ》統《とう》天《てん》皇《のう》

生没年《せいぼつねん》
【645年《ねん》〜702年《ねん》】
本名《ほんみょう》
【鸕野讃良皇女《うののさららのひめみこ》】
身分《みぶん》
【皇后《こうごう》・天皇《てんのう》】

パラメータ

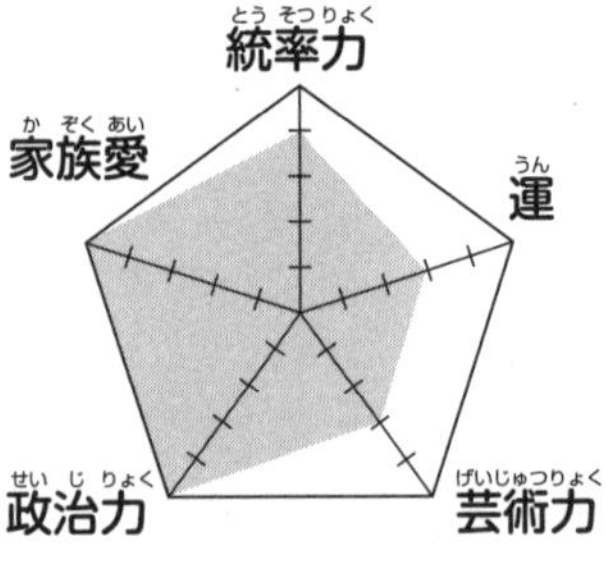

エピソード1

持統天皇《じとうてんのう》が天武天皇《てんむてんのう》に嫁《とつ》いだのは、なんと12歳《さい》の時《とき》！ とても若《わか》いお嫁《よめ》さんでした。

エピソード2

持統天皇《じとうてんのう》は、お年寄《としよ》りや身寄《みよ》りのない人《ひと》を大切《たいせつ》にし、贈《おく》り物《もの》などをしたといわれています。

夫《おっと》と弟《おとうと》の戦《たたか》いに遭遇《そうぐう》！

持統天皇《じとうてんのう》の父・**中大兄皇子《なかのおおえのみこ》**（のちの**天智《てんじ》天皇《てんのう》**）は、645年、天皇家《てんのうけ》を超《こ》えるほどの力《ちから》を誇《ほこ》っていた蘇我氏《そがし》を滅《ほろ》ぼし、「**大化《たいか》の改新《かいしん》**」と呼《よ》ばれる政治改革《せいじかいかく》をはじめました。そして、ちょうどその年《とし》に生《う》まれたのが、**鸕野讃良皇女《うののさららのひめみこ》**、後《のち》の持統天皇《じとうてんのう》です。

彼女《かのじょ》は、やがて父《ちち》・天智天皇《てんじてんのう》の弟《おとうと》である**大海人皇子《おおあまのみこ》**と結婚《けっこん》します。つまり、自分《じぶん》の叔父《おじ》さんと結婚《けっこん》することになったわけですが、当時《とうじ》としてはよくあることでした。

ところが、天智《てんじ》天皇《てんのう》が亡《な》くなると、今度《こんど》は天智天皇《てんじてんのう》の子《こ》である大友皇子《おおとものみこ》と大海人皇子《おおあまのみこ》との間で、どちらが次《つぎ》の天皇《てんのう》になるかの争《あらそ》いがはじまります。鸕野讃良《うののさらら》（持統天皇《じとうてんのう》）にとっては夫《おっと》と弟《おとうと》の争《あらそ》いということになりますね。

子《こ》どものためなら、何《なん》でもします！

この「**壬申《じんしん》の乱《らん》**」と呼《よ》ばれる大友皇子《おおとものみこ》と大海人皇子《おおあまのみこ》との争《あらそ》いで、鸕野讃良《うののさらら》（持統天《じとうてん》皇《のう》）は積極的《せっきょくてき》に夫《おっと》を助《たす》け、その結果《けっか》、大海《おおあ》人皇子《まのみこ》は無事《ぶじ》、勝利《しょうり》を得《え》ることができました。その後《ご》、大海人皇子《おおあまのみこ》は**天武天皇《てんむてんのう》**となり、理想《りそう》の国《くに》づくりに精一杯《せいいっぱい》励《はげ》みました。

やがて、天武天皇《てんむてんのう》が亡《な》くなると、誰《だれ》が次《つぎ》の天皇《てんのう》になるかで再《ふたた》びもめることになります。候補《こうほ》となる天武天皇《てんむてんのう》や天智天皇《てんじてんのう》の皇子《みこ》

あなた
ファイトー!!
フー!!
そんなつもりないのに〜!!

が何人《なんにん》かいたからです。

鸕野讃良《うののさらら》（持統《じとう》天皇《てんのう》）はもちろん、自分《じぶん》の子《こ》どもである**草壁皇子**《くさかべのみこ》を天皇《てんのう》にしようと努力《どりょく》します。ライバルだった**大津皇子**《おおつのみこ》を刑死《けいし》させたのも実《じつ》は鸕野讃《うののさら》良《ら》（持統天皇《じとうてんのう》）の計画《けいかく》だったといわれています。

悲《かな》しみを乗《の》り越《こ》えて天皇《てんのう》に

しかし、期待《きたい》の草壁皇子《くさかべのみこ》は、天皇《てんのう》になる前《まえ》に若《わか》くして亡《な》くなってしまいます。悲《かな》しみの中《なか》、鸕野讃良《うののさらら》は、自分《じぶん》が持統天皇《じとうてんのう》として即位《そくい》することを決意《けつい》するのです。

持統天皇《じとうてんのう》は、夫《おっと》である天武天皇《てんむてんのう》のやりかけていた仕《し》事《ごと》を受《う》け継《つ》ぎ、**飛鳥浄御原令**《あすかきよみはらりょう》という一種《いっしゅ》の法律《ほうりつ》を定《さだ》めたり、**藤原京**《ふじわらきょう》という都《みやこ》をつくったりといった活躍《かつやく》をしていきます。

孫《まご》よ!
軽皇子《かるのみこ》
生後4か月
(人間だと7才)
ばぶにゃー
ええー!?
あきらめない女…
のちの持統天皇である

そして、彼女《かのじょ》は697年《ねん》、もう一《ひと》つの仕《し》事《ごと》をして、天皇《てんのう》の座《ざ》から降《お》りました。わが子・草壁皇子《くさかべのみこ》の子どもである**軽皇子**《かるのみこ》を天皇《てんのう》の位《くらい》につけたのです。自分《じぶん》の子《こ》どもを天皇《てんのう》にするという夢《ゆめ》は果《は》たせませんでしたが、孫《まご》を天皇《てんのう》にすることには成功《せいこう》したのです。

人物相関図《じんぶつそうかんず》

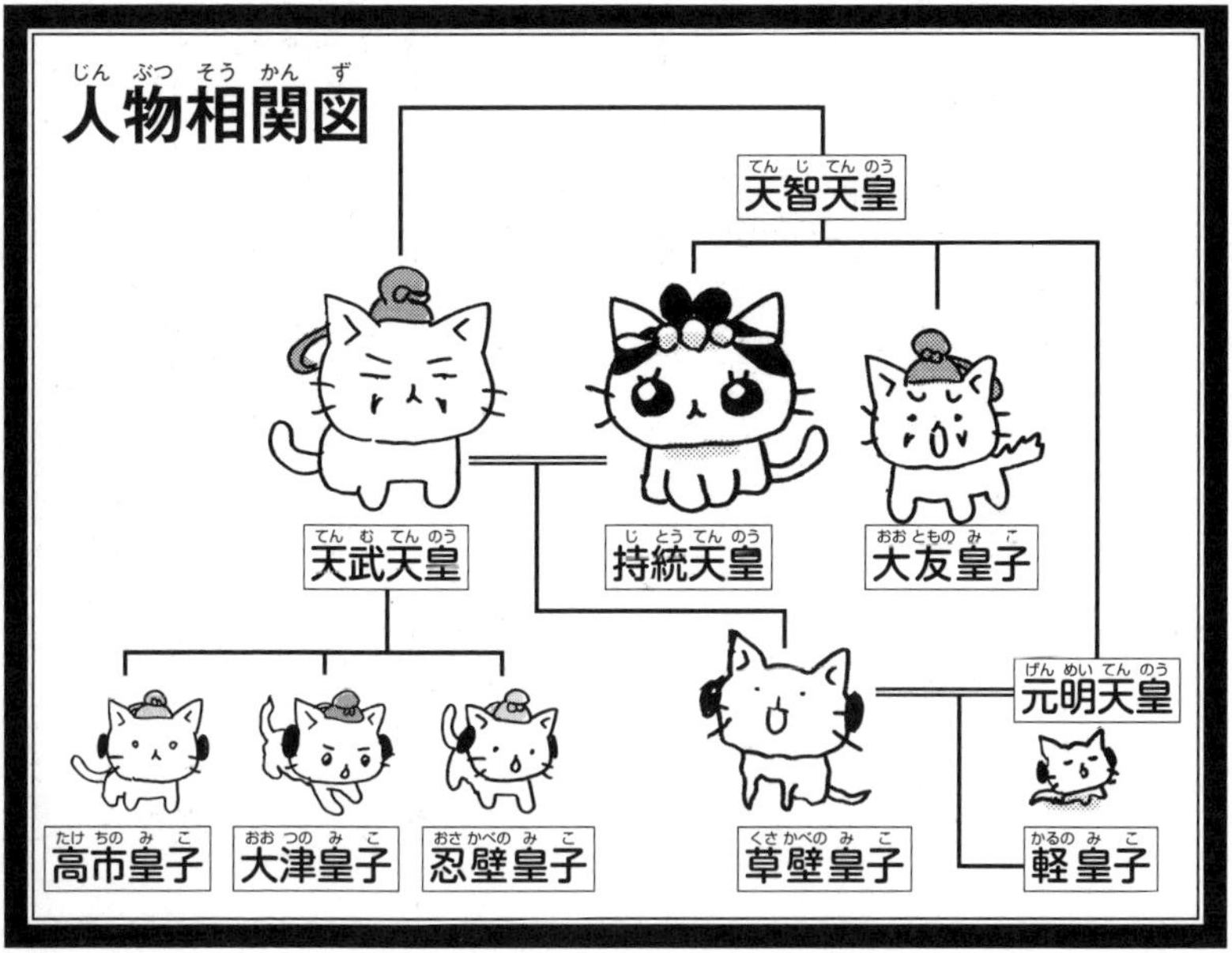

年号《ねんごう》ゴロゴロ合《あ》わせ

672年《ねん》 壬申《じんしん》の乱《らん》が起《お》こる

コラム

『小倉百人一首《おぐらひゃくにんいっしゅ》』には、持統天皇《じとうてんのう》の歌《うた》も選《えら》ばれています。「春《はる》すぎて　夏来《なつき》にけらし　白妙《しろたえ》の　衣《ころも》ほすてふ《ちょう》天《あま》の香具山《かぐやま》（春《はる》が過《す》ぎて夏《なつ》が来《き》たようですね。天《あま》の香《か》具山《ぐやま》に白《しろ》い衣《ころも》が干《ほ》してありますもの）」という歌《うた》です。

大仏《だいぶつ》を建《た》てた奈良時代《ならじだい》の帝《みかど》

聖《しょう》武《む》天《てん》皇《のう》

生没年《せいぼつねん》
【701年《ねん》～756年《ねん》】
本名《ほんみょう》
【首皇子《おびとのみこ》】
身分《みぶん》
【天皇《てんのう》】

パラメータ

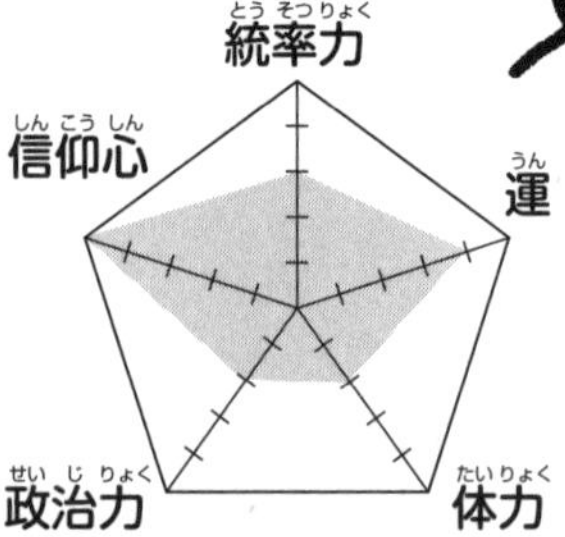

エピソード1

聖武天皇《しょうむてんのう》の皇后《こうごう》・光明子《こうみょうし》は、光《ひかり》り輝《かがや》くように美《うつく》しかったからその名《な》がついたといわれています。

エピソード2

聖武天皇《しょうむてんのう》の時代《じだい》、皇后《こうごう》が中心《ちゅうしん》となり、貧《まず》しい人や病人《びょうにん》などを保護《ほご》する施設《しせつ》がつくられました。

藤原氏《ふじわらし》と関係《かんけい》の深《ふか》かった聖武天皇《しょうむてんのう》

聖武天皇《しょうむてんのう》のお父《とう》さんは**文武天皇《もんむてんのう》**、すなわち持統天皇《じとうてんのう》が天皇《てんのう》にした孫《まご》の軽皇子《かるのみこ》のことです。また、聖武天皇《しょうむてんのう》のお母《かあ》さんは当時《とうじ》力《ちから》をつけてきた貴族《きぞく》、**藤原氏《ふじわらし》**の娘《むすめ》でした。

藤原氏《ふじわらし》というのは、天智天皇《てんじてんのう》と一緒《いっしょ》に大《たい》化《か》の改新《かいしん》を行《おこな》った**藤原鎌足《ふじわらのかまたり》**という人《ひと》の子孫《しそん》です。聖武天皇《しょうむてんのう》のお母《かあ》さんは、この藤原鎌《ふじわらのかま》足《たり》の孫《まご》に当《あ》たる人《じん》物《ぶつ》なのです。また、聖武天皇《しょうむてんのう》の奥《おく》さんも藤原氏《ふじわらし》の人間《にんげん》でした。それどころか、聖武天皇《しょうむてんのう》のお母《かあ》さんの妹《いもうと》、つまり、叔母《おば》さんに当《あ》たる人《ひと》なのです。お母《かあ》さんと奥《おく》さんが姉妹《しまい》なんて、ちょっと変《へん》な感《かん》じですね。

聖武天皇2才
（人間でいうと24才）
聖武天皇《しょうむてんのう》即位
おめでとにゃー
おめ゛でとにゃー

そんなわけで、聖武天皇《しょうむてんのう》は幼《おさな》い頃《ころ》から天《てん》皇《のう》になることを、藤原氏《ふじわらし》の人々《ひとびと》からも期待《きたい》されてきた皇子《みこ》だったのです。

聖武天皇《しょうむてんのう》は引越《ひっこ》しが大好《だいす》きだった!?

奈良時代《ならじだい》は、藤原氏《ふじわらし》と他《ほか》の人々《ひとびと》との間《あいだ》で、誰《だれ》が権力《けんりょく》を握《にぎ》るかの争《あらそ》いが続《つづ》いた時代《じだい》でした。そのような中《なか》、九州《きゅうしゅう》で大《おお》きな反乱事件《はんらんじけん》が起《お》きます。すると、聖武天皇《しょうむてんのう》は反乱軍《はんらんぐん》を倒《たお》すよう命令《めいれい》を出《だ》すと同時《どうじ》に、急遽《きゅうきょ》これまでの都《みやこ》を捨《す》てて、新《あたら》しい都《みやこ》にうつることを決定《けってい》します。しかも、それだけでは終《お》わらず、5年間《ねんかん》に3つもの新《あたら》しい都《みやこ》を転々《てんてん》とした後《のち》、結局《けっきょく》、元《もと》の奈良《なら》・**平城京《へいじょうきょう》**に戻《もど》ること

になるのです。

どうして聖武天皇《しょうむてんのう》がコロコロと都《みやこ》を変《か》えたのか、その本当《ほんとう》のところはわかっていません。争《あらそ》いが続《つづ》く世《よ》の中《なか》に嫌気《いやけ》がさして、新《あら》たな都《みやこ》で心機一転《しんきいってん》やり直《なお》そうとしたのかもしれませんね。

国家《こっか》の安定《あんてい》を願《ねが》って大仏建立《だいぶつこんりゅう》

また、聖武天皇《しょうむてんのう》の時代《じだい》には、怖《こわ》い伝染病《でんせんびょう》が流行《はや》ったり、悪天候《あくてんこう》などで農作物《のうさくぶつ》が十分《じゅうぶん》に育《そだ》たず食糧《しょくりょう》が不足《ふそく》する「**飢饉**《ききん》」という状態《じょうたい》が続《つづ》いたりと、不安定《ふあんてい》な世《よ》の中《なか》になっていました。その状況《じょうきょう》を改善《かいぜん》するために聖武天皇《しょうむてんのう》が行《おこな》ったのが、大仏《だいぶつ》の建造《けんぞう》です。仏教《ぶっきょう》の力《ちから》による安《やす》らかな国《くに》づくりを目指《めざ》したのです。

四百数十《よんひゃくすうじゅっ》トンの銅《どう》を必要《ひつよう》としたという巨大《きょだい》な大仏《だいぶつ》の建造《けんぞう》には、大変《たいへん》な苦労《くろう》が伴《ともな》いましたが、約《やく》9年《ねん》の時《とき》を経《へ》てようやく完成《かんせい》にこぎつけます。これに安心《あんしん》したのか、そのわずか4年後《ねんご》、聖武天皇《しょうむてんのう》は亡《な》くなります。

聖武天皇《しょうむてんのう》が、国《くに》を安定《あんてい》させるために建設《けんせつ》に執念《しゅうねん》を燃《も》やしたこの大仏《だいぶつ》こそ、世界遺産《せかいいさん》でもある奈良《なら》・東大寺《とうだいじ》の大仏《だいぶつ》なのです。

聖武天皇《しょうむてんのう》ゆかりの建造物《けんぞうぶつ》

奈良《なら》の大仏《だいぶつ》

東大寺《とうだいじ》にあり、盧舎那大仏《るしゃなだいぶつ》ともいいます。743年《ねん》からつくられ、752年《ねん》に完成《かんせい》しました。高《たか》さは約《やく》15 mもあります。

正倉院《しょうそういん》

東大寺大仏殿《とうだいじだいぶつでん》の北《きた》にあり、聖《しょう》武天皇《むてんのう》や光明皇后《こうみょうこうごう》の遺品《いひん》をたくさん収蔵《しゅうぞう》しています。

施薬院《せやくいん》

光明皇后《こうみょうこうごう》の発案《あつあん》で建《た》てられた、貧《まず》しい病人《びょうにん》に対《たい》して治療《ちりょう》を行《おこな》う施設《しせつ》です。

年号《ねんごう》ゴロゴロ合《あ》わせ

752年《ねん》 東大寺大仏《とうだいじだいぶつ》が完成《かんせい》する

コラム

大仏《だいぶつ》の建造《けんぞう》には、行基《ぎょうき》という偉《えら》いお坊《ぼう》さんが協力《きょうりょく》してくれました。それまでも農《のう》民《みん》のために道《みち》や橋《はし》をつくるなどの活動《かつどう》をしながら仏教《ぶっきょう》を広《ひろ》めていた行基《ぎょうき》は、大仏《だいぶつ》建造《けんぞう》の費用《ひよう》集《あつ》めなどを熱心《ねっしん》に行《おこな》ってくれたのです。

ねこねこクイズ①

問題《もんだい》1

卑弥呼《ひみこ》の都《みやこ》があったのは、次《つぎ》のどの国《くに》だったかニャ？

❶ 狗奴国《くなこく》
❷ 邪馬台国《やまたいこく》
❸ 伊都国《いとこく》

問題《もんだい》2

卑弥呼《ひみこ》が魏《ぎ》（中国《ちゅうごく》）に使《つか》いとして送《おく》ったのは、誰《だれ》かニャ？

❶ 小野妹子《おののいもこ》
❷ 山上憶良《やまのうえのおくら》
❸ 難升米《なしめ》

問題《もんだい》3

聖徳太子《しょうとくたいし》は593年《ねん》に、誰《だれ》の摂政《せっしょう》となったかニャ？

❶ 持統天皇《じとうてんのう》
❷ 推古天皇《すいこてんのう》
❸ 蘇我馬子《そがのうまこ》

問題《もんだい》4

聖徳太子《しょうとくたいし》が役人《やくにん》の心構《こころがま》えを定《さだ》めた法律《ほうりつ》は次《つぎ》のどれかニャ？

❶ 十七条憲法《じゅうしちじょうけんぽう》
❷ 墾田永年私財法《こんでんえいねんしざいほう》
❸ 改新《かいしん》の詔《みことのり》

問題《もんだい》5

大海人皇子《おおあまのみこ》と大友皇子《おおとものみこ》が天皇《てんのう》の座《ざ》を争《あらそ》った戦《たたか》いは何《なに》かニャ？

❶ 保元《ほうげん》の乱《らん》
❷ 白村江《はくすきのえ》の戦《たたか》い
❸ 壬申《じんしん》の乱《らん》

問題《もんだい》6

持統天皇《じとうてんのう》の夫《おっと》は次《つぎ》の誰《だれ》だったかニャ？

❶ 天智天皇《てんじてんのう》
❷ 天武天皇《てんむてんのう》
❸ 聖武天皇《しょうむてんのう》

問題《もんだい》7

東大寺《とうだいじ》の大仏《だいぶつ》をつくるときに、協力《きょうりょく》したお坊《ぼう》さんは次《つぎ》の誰《だれ》かニャ？

❶ 行基《ぎょうき》
❷ 鑑真《がんじん》
❸ 空也《くうや》

問題《もんだい》8

次《つぎ》の内《うち》、聖武天皇《しょうむてんのう》と直接関係《ちょくせつかんけい》のない建物《たてもの》はどれかニャ？

❶ 唐招提寺《とうしょうだいじ》
❷ 東大寺大仏殿《とうだいじだいぶつでん》
❸ 正倉院《しょうそういん》

答え

答《こた》え1

②

男《おとこ》の王《おう》が治《おさ》めていた頃《ころ》は国内《こくない》が乱《みだ》れていましたが、卑弥呼《ひみこ》が女王《じょおう》になって治《おさ》まったといわれています。

答《こた》え2

③

小野妹子《おののいもこ》は7世紀《せいき》初《はじ》めに遣隋使《けんずいし》として、山上憶良《やまのうえのおくら》は8世紀《せいき》初《はじ》めに遣《けん》唐使《とうし》として、中国《ちゅうごく》に渡《わた》りました。

答《こた》え3

②

推古天皇《すいこてんのう》は飛鳥《あすか》時代《じだい》の天皇《てんのう》で、聖《しょう》徳太子《とくたいし》の叔母《おば》に当《あ》たります。日本《にっぽん》初《はつ》の女帝《じょてい》としても有名《ゆうめい》です。

答《こた》え4

①

日本《にっぽん》初《はつ》の成文法《せいぶんほう》（文章《ぶんしょう》できちんと表現《ひょうげん》されている法律《ほうりつ》のこと）ともいわれています。

答《こた》え5

③

天智天皇《てんじてんのう》の弟《おとうと》と息子《むすこ》との間《あいだ》の内乱《ないらん》であり、弟《おとうと》・大海人皇子《おおあまのみこ》が勝利《しょうり》して天武天皇《てんむてんのう》となりました。

答《こた》え6

②

息子《むすこ》の草壁皇子《くさかべのみこ》が亡《な》くなり、孫《まご》の軽皇子《かるのみこ》が幼《おさな》かったため、自《みずか》ら天武《てんむ》天皇《てんのう》の跡《あと》を継《つ》ぎました。

答《こた》え7

①

行基《ぎょうき》は民衆《みんしゅう》を救《すく》うために様々《さまざま》な事《じ》業《ぎょう》を行《おこな》いました。寺院《じいん》、橋《はし》、貯水《ちょすい》池《ち》などもつくりました。

答《こた》え8

①

唐招提寺《とうしょうだいじ》は鑑真《がんじん》が開《ひら》いた寺院《じいん》です。奈良《なら》にあり、ユネスコの世界《せかい》文化遺産《ぶんかいさん》にも登録《とうろく》されています。

平安時代《へいあんじだい》から室町時代《むろまちじだい》まで

最澄《さいちょう》・空海《くうかい》　藤原道長《ふじわらのみちなが》　紫式部《むらさきしきぶ》　平清盛《たいらのきよもり》

源頼朝《みなもとのよりとも》　源義経《みなもとのよしつね》　足利尊氏《あしかがたかうじ》

新《あたら》しい仏教《ぶっきょう》を開《ひら》いた偉《えら》いお坊《ぼう》さん

最《さい》澄《ちょう》・空《くう》海《かい》

生没年《せいぼつねん》　※最澄《さいちょう》・空海《くうかい》の順《じゅん》

【767年《ねん》～822年《ねん》・774年《ねん》～835年《ねん》】

出身地《しゅっしんち》　※最澄《さいちょう》・空海《くうかい》の順《じゅん》

【近江国《おうみのくに》(滋賀県《しがけん》)・讃岐国《さぬきのくに》(香川県《かがわけん》)】

身分《みぶん》

【僧侶《そうりょ》・宗祖《しゅうそ》】

パラメータ

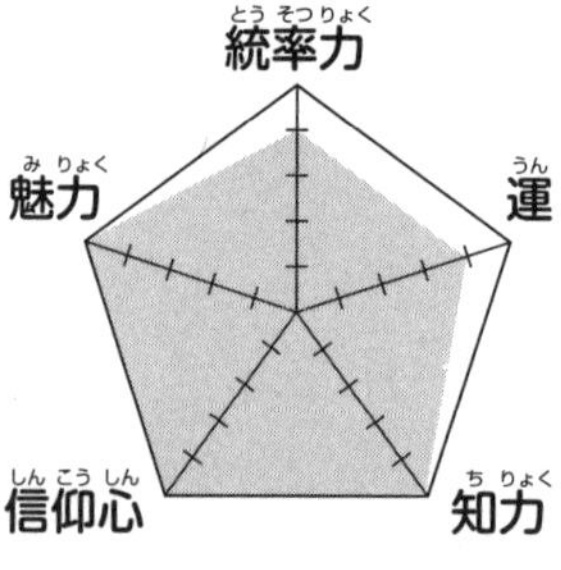

エピソード1

比叡山延暦寺《ひえいざんえんりゃくじ》では、1200年《ねん》以上前《いじょうまえ》に最澄《さいちょう》が灯《とも》したという火《ひ》が今《いま》も燃《も》え続《つづ》けています。

エピソード2

書《しょ》の名人《めいじん》でもあった空海《くうかい》（弘法大師《こうぼうだいし》）は「弘法《こうぼう》も筆《ふで》の誤《あやま》り」などのことわざでも有名《ゆうめい》ですね。

厳《きび》しい修行《しゅぎょう》の末《すえ》つかんだチャンス

最澄《さいちょう》と**空海**《くうかい》は、ともに平安時代《へいあんじだい》の初《はじ》め頃《ごろ》に活躍《かつやく》したお坊《ぼう》さんです。

最澄《さいちょう》は近江国《おうみのくに》（今《いま》の滋賀県《しがけん》）、空海《くうかい》は讃《さぬ》岐国《きのくに》（今《いま》の香川県《かがわけん》）で生《う》まれました。最澄《さいちょう》のほうが7つ年上《としうえ》です。2人《ふたり》は、若《わか》い頃《ころ》から仏教《ぶっきょう》に目覚《めざ》め、厳《きび》しい修行《しゅぎょう》の後《のち》、偉《えら》いお坊《ぼう》さんとして認《みと》められるようになっていきます。

そんな2人《ふたり》に、804年《ねん》、大《おお》きなチャンスが巡《めぐ》ってきます。当時《とうじ》の日《に》本《ほん》は、中国《ちゅうごく》にあった大国《たいこく》・**唐**《とう》に使《つか》いを送《おく》り、すぐれた文化《ぶんか》などを学《まな》んでいたのですが、その**遣唐**《けんとう》**使**《し》と呼《よ》ばれる使節《しせつ》と一緒《いっしょ》に唐《とう》へ渡《わた》り、仏教《ぶっきょう》を学《まな》ぶ機会《きかい》を得《え》ることができたのです。

少《すこ》し差《さ》のあった唐《とう》での学《まな》び方《かた》

しかし、唐《とう》にいられる期間《きかん》が、2人《ふたり》には差《さ》がありました。最澄《さいちょう》は、他《ほか》の遣唐使《けんとうし》の人々《ひとびと》と一緒《いっしょ》に帰国《きこく》しなければならない還学《げんがく》生《しょう》という立場《たちば》だったために、唐《とう》にいることができたのは、わずか8カ月《げつ》余《あま》りでした。とはいえ、この短《みじか》い期《き》間《かん》で、最澄《さいちょう》は実《じつ》にたくさんのことを

学《まな》び、何百《なんびゃく》というお経《きょう》などを日本《にっぽん》に持《も》ち帰《かえ》ることに成功《せいこう》しました。

一方《いっぽう》、空海《くうかい》のほうは20年《ねん》でも30年《ねん》でも学《まな》ぶことができる比較的《ひかくてき》自由《じゆう》な留学生《るがくしょう》という立場《たちば》だったので、最澄《さいちょう》よりもじっくり学《まな》ぶことができました。特《とく》に恵果《けいか》という偉《えら》いお坊《ぼう》さんから**密教《みっきょう》**というものを直接《ちょくせつ》学《まな》ぶことができたのは大《おお》きかったようです。空海《くうかい》は、2年間《ねんかん》かけて十分《じゅうぶん》に仏教《ぶっきょう》を学《まな》び、日本《にっぽん》に帰《き》国《こく》することになりました。

帰国後《きこくご》の2人《ふたり》の仲《なか》は?

日本《にっぽん》に帰《かえ》った最澄《さいちょう》と空海《くうかい》は、それぞれ**天《てん》台宗《だいしゅう》**、**真言宗《しんごんしゅう》**という仏教《ぶっきょう》の一派《いっぱ》を開《ひら》きます。2人《ふたり》は、ともに天皇《てんのう》の保護《ほご》も受《う》け、仏教《ぶっきょう》をますます盛《さか》んにしていったのです。

また、帰国後《きこくご》、最澄《さいちょう》は、自分《じぶん》が学《まな》び足《た》りなかった密教《みっきょう》について、空海《くうかい》に教《おし》えてもらったりもしています。お互《たが》いに尊敬《そんけい》するところもあり、仲《なか》も悪《わる》くなかったようです。

わかりました!
では最澄殿《どの》にも
コクリ
真髄《しんずい》をお教え
しましょう…

ところが、ある日《ひ》、最澄《さいちょう》の弟子《でし》だった泰《たい》範《はん》というお坊《ぼう》さんが、空海《くうかい》のところに学《まな》びに行《い》ったまま帰《かえ》って来《こ》なくなりました。大《だい》事《じ》な弟子《でし》を取《と》られたと思《おも》った最澄《さいちょう》と空海《くうかい》の仲《なか》はその後《ご》、急《きゅう》に悪《わる》くなってしまったようです。偉大《いだい》な2人《ふたり》の交流《こうりゅう》が途絶《とだ》えてしまったのは、少《すこ》し残念《ざんねん》なことですね。

真言宗《しんごんしゅう》と天台宗《てんだいしゅう》

	開祖《かいそ》	総本山《そうほんざん》	僧《そう》として
真言宗《しんごんしゅう》	 空海《くうかい》	 高野山金剛峰寺《こうやさんこんごうぶじ》	 密教《みっきょう》に専念《せんねん》
天台宗《てんだいしゅう》	 最澄《さいちょう》	 比叡山延暦寺《ひえいざんえんりゃくじ》	 多《おお》くの教《おし》えを体系化《たいけいか》

年号《ねんごう》ゴロゴロ合《あ》わせ

804年《ねん》 最澄《さいちょう》と空海《くうかい》が唐《とう》に渡《わた》る

コラム

当時《とうじ》の中国《ちゅうごく》までの船旅《ふなたび》は、難破《なんぱ》など命《いのち》の危険《きけん》を伴《ともな》うものでした。最澄《さいちょう》や空海《くうかい》らは４隻《せき》の船《ふね》で唐《とう》へ向《む》かったのですが、無事《ぶじ》たどり着《つ》いたのは、最澄《さいちょう》の乗《の》った船《ふね》と空《くう》海《かい》の乗《の》った船《ふね》の２隻《せき》だけでした。運《うん》も２人《ふたり》に味方《みかた》をしたようです。

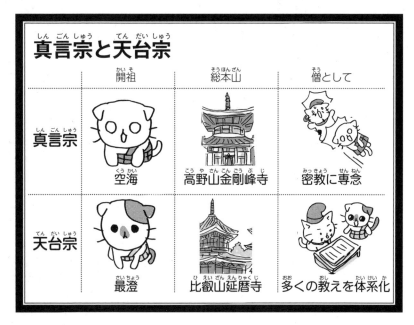

ナンバー1《ワン》の座《ざ》についた貴族《きぞく》

藤《ふじ》原《わらの》道《みち》長《なが》

生没年《せいぼつねん》
【966年《ねん》〜
1027年《ねん》】
父親《ちちおや》
【藤原兼家《ふじわらのかねいえ》】
身分《みぶん》
【貴族《きぞく》・摂政《せっしょう》】

パラメータ

エピソード1

道長《みちなが》は、イケメンとしても有名《ゆうめい》でした。『源氏物語《げんじものがたり》』の主人公《しゅじんこう》のモデルともいわれています。

エピソード2

道長《みちなが》は度胸《どきょう》も満点《まんてん》でした。兄弟《きょうだい》で肝試《きもだめ》しを行《おこな》った時《とき》も、優勝《ゆうしょう》したのは道長《みちなが》だったようです。

貴族《きぞく》の頂点《ちょうてん》に立《た》った藤原氏《ふじわらし》

平安《へいあん》時代《じだい》は、貴族《きぞく》の時代《じだい》といってもよいでしょう。**寝殿造《しんでんづく》り**という豪華《ごうか》なお屋敷《やしき》に住《す》み、女性《じょせい》たちは十二単《じゅうにひとえ》を身《み》にまとい、和《わ》歌《か》を詠《よ》むといった生活《せいかつ》をしていました。

たくさんの貴族《きぞく》が、天皇《てんのう》に仕《つか》えて政治《せいじ》をしていたのですが、その中《なか》で一段《いちだん》と力《ちから》をつけていったのが**藤原氏《ふじわらし》**です。無実《むじつ》の罪《つみ》を負《お》わせて他《ほか》の貴族《きぞく》の人々《ひとびと》を処罰《しょばつ》したり、自分《じぶん》の娘《むすめ》を天皇《てんのう》の嫁《よめ》にしたりといったことを続《つづ》け、徐々《じょじょ》に他《ほか》の貴族《きぞく》を圧倒《あっとう》するようになりました。

事実上《じじつじょう》、天皇《てんのう》に代《か》わって政治《せいじ》を行《おこな》う「**摂政《せっしょう》**」や「**関白《かんぱく》**」という役職《やくしょく》を藤原氏《ふじわらし》が代々《だいだい》独占《どくせん》するようになっていくのです。

五男《ごなん》から成《な》りあがった道長《みちなが》

他《ほか》の貴族《きぞく》を圧倒《あっとう》した藤原氏《ふじわらし》ですが、今度《こんど》は一族《いちぞく》の中《なか》で誰《だれ》が一番《いちばん》になるかで争《あらそ》うようになります。親子《おやこ》や兄弟《きょうだい》の間《あいだ》で出世《しゅっせ》をかけた争《あらそ》いがはじまったわけです。

藤原道長《ふじわらのみちなが》のお父《とう》さんは、摂政《せっしょう》や関《かん》白《ぱく》となった人《ひと》でしたから、とてもよい家柄《いえがら》に生《う》まれたことは間違《まちが》いあり

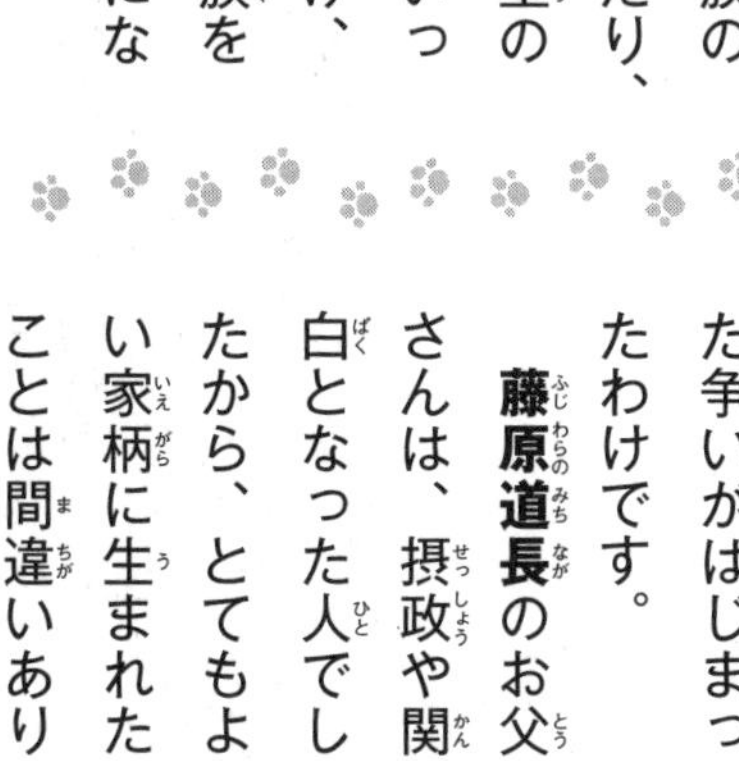

ません。しかし、道長《みちなが》は五男《ごなん》でした。上《うえ》に４人《にん》もお兄《にい》さんがいれば、どんなに実力《じつりょく》があっても、兄《あに》たちを乗《の》り越《こ》えて道長《みちなが》が出世《しゅっせ》できる可能性《かのうせい》はほとんどなかったといってもよいでしょう。

しかし、道長《みちなが》は強運《きょううん》の持《も》ち主《ぬし》でもありました。母《はは》が同《おな》じで能力的《のうりょくてき》にもライバルと見《み》られていた２人《ふたり》の兄《あに》が相次《あいつ》いで病《やまい》で亡《な》くなるなどの事件《じけん》が起《お》こり、やがて兄弟《きょうだい》の中《なか》でトップの地位《ちい》に躍《おど》り出《で》たのです。

満月《まんげつ》のように完璧《かんぺき》な権力者《けんりょくしゃ》

さらに、道長《みちなが》は、もう１人《ひとり》のライバルと見《み》られていた甥《おい》との争《あらそ》いにも勝《か》ち、貴族《きぞく》として頂点《ちょうてん》の地位《ちい》にたどり着《つ》きます。道長《みちなが》の時代《じだい》、一条《いちじょう》、三条《さんじょう》、後一条《ごいちじょう》という３人《にん》の天《てん》皇《のう》が即位《そくい》したのですが、そのすべてに道長《みちなが》は自分《じぶん》の娘《むすめ》を嫁《とつ》がせました。

しかも、後一条天《ごいちじょうてん》皇《のう》は、一条天皇《いちじょうてんのう》と道長《みちなが》の娘《むすめ》との間《あいだ》に生《う》まれた皇子《みこ》ですから、道長《みちなが》にとっては孫《まご》に当《あ》たるのです。

やったー
てっぺん取ったどー!!
道長は後一条《ごいちじょう》天皇の摂政になった

こうして、天皇家《てんのうけ》と深《ふか》い関係《かんけい》を結《むす》び、最《さい》高《こう》の権力者《けんりょくしゃ》となった藤原道長《ふじわらのみちなが》は、ある夜《よる》、こんな和歌《わか》を詠《よ》みました。

この世《よ》をば　わが世《よ》とぞ思《おも》ふ《う》　望月《もちづき》の欠《か》けたることも　なしと思《おも》へ《え》ば（この世《よ》を、自分《じぶん》のもののように思《おも》います。満月《まんげつ》のように今《いま》の私《わたし》には欠《か》けたところがないのです。）

人物相関図《じんぶつそうかんず》

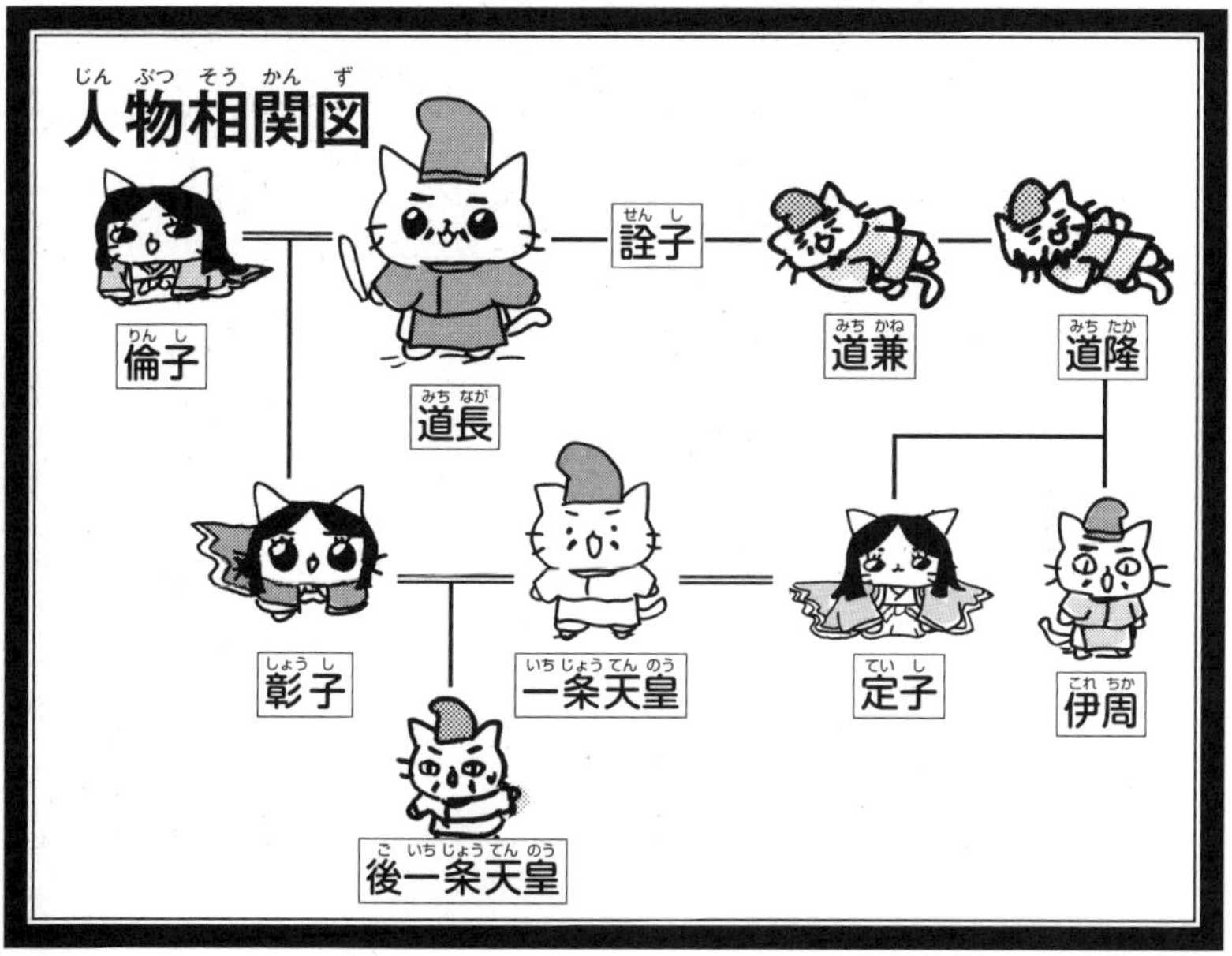

年号《ねんごう》ゴロゴロ合《あ》わせ

1016年《ねん》 藤原道長《ふじわらのみちなが》が摂政《せっしょう》になる

コラム

貴族《きぞく》のトップに立《た》った道長《みちなが》でしたが、年《とし》をとってからは、糖尿病《とうにょうびょう》や目《め》の病《やまい》である白内障《はくないしょう》などの病《やまい》に苦《くる》しんでいたようです。最後《さいご》は、背中《せなか》にできたはれ物《もの》の痛《いた》みに悩《なや》まされながら、息《いき》を引《ひ》き取《と》ったといわれています。

大長編小説《だいちょうへんしょうせつ》を書《か》き残《のこ》した女性作家《じょせいさっか》

紫《むらさき》式《しき》部《ぶ》

生没年《せいぼつねん》

【973年(?)~1014年(?)】

父親《ちちおや》

【藤《ふじ》原《わらの》為《ため》時《とき》】

身分《みぶん》

【女流作家《じょりゅうさっか》・女房《にょうぼう》】

パラメータ

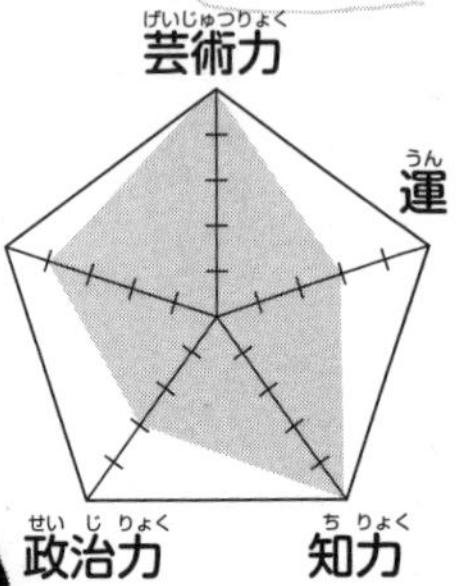

エピソード1

紫式部《むらさきしきぶ》という名《な》は『源氏《げんじ》物語《ものがたり》』のヒロイン紫《むらさき》の上《うえ》にちなんでつけられたという説《せつ》が有力《ゆうりょく》です。

エピソード2

賢《かしこ》い女《おんな》に見《み》られるのが嫌《いや》で「一《いち》」の字《じ》も書《か》けないふりをしたこともあると書《か》き残《のこ》しています。

わからないことが多《おお》い紫式部《むらさきしきぶ》の素顔《すがお》

みなさんは二千円札《にせんえんさつ》を見《み》たことがありますか？ あまり見《み》る機会《きかい》はないのですが、2000年《ねん》に発行《はっこう》された二千円札《にせんえんさつ》の裏側《うらがわ》には、**紫式部《むらさきしきぶ》**の肖像画《しょうぞうが》と、彼女《かのじょ》が残《のこ》した名作《めいさく》**『源氏物語《げんじものがたり》』**の世界《せかい》を描《えが》いた絵巻物《えまきもの》が記《しる》されています。

お札《さつ》に描《えが》かれるほど有名《ゆうめい》な人《ひと》なのに、紫《むらさき》式部《しきぶ》の本当《ほんとう》の姿《すがた》はあまりよくわかっていません。「紫《むらさき》式部《しきぶ》」という名前《なまえ》もあだ名《な》のようなもので、本名《ほんみょう》はわかりません。いつ生《う》まれ、いつ亡《な》くなったのかも伝《つた》わっていないのです。

しかし、彼女《かのじょ》が残《のこ》した『源氏物語《げんじものがたり》』は、日本文学《にほんぶんがく》の傑作《けっさく》として1000年《ねん》の時《とき》を経《へ》た現代《げんだい》も愛《あい》され、漫画《まんが》や映画《えいが》などにもなっている名作《めいさく》なのです。

悲《かな》しみから生《う》まれた名作《めいさく》

紫式部《むらさきしきぶ》のお父《とう》さんは、学者《がくしゃ》として評判《ひょうばん》の、**藤原為時《ふじわらのためとき》**という人《ひと》でした。そのお父《とう》さんが、子《こ》どもの頃《ころ》、読《よ》み書《か》きが得意《とくい》だった紫式部《むらさきしきぶ》を見《み》て、「男《おとこ》だったらよかったのに。残念《ざんねん》だ。」といっ

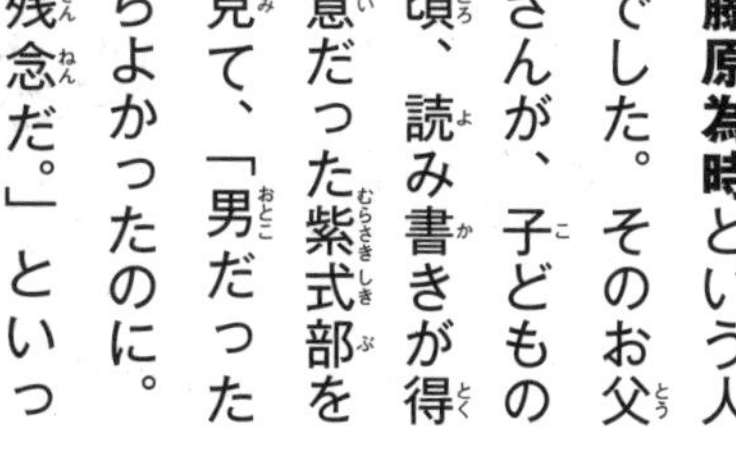

ていたといいますから、紫式部《むらさきしきぶ》は、幼《おさな》い頃《ころ》から賢《かしこ》い子《こ》どもだったのでしょう。

やがて、彼女《かのじょ》は**藤原宣孝**《ふじわらののぶたか》という年上《としうえ》の男性《だんせい》と結婚《けっこん》し、**賢子**《けんし》という娘《むすめ》も産《う》みます。しかし、幸《しあわ》せな結婚生活《けっこんせいかつ》は長《なが》くは続《つづ》きませんでした。夫《おっと》の宣孝《のぶたか》が、結婚後《けっこんご》、わずか3年《ねん》ほどで急死《きゅうし》してしまったのです。

それからしばらくして書《か》きはじめたのが、かの有名《ゆうめい》な『源氏物語《げんじものがたり》』だといわれています。紫式部《むらさきしきぶ》は、夫《おっと》を失《うしな》った悲《かな》しみを紛《まぎ》らわせるために、この大長編小説《だいちょうへんしょうせつ》を書《か》きはじめたのかもしれませんね。

藤原道長《ふじわらのみちなが》も魅了《みりょう》した『源氏物語《げんじものがたり》』

その後《ご》、紫式部《むらさきしきぶ》はその才能《さいのう》を見込《みこ》まれて、**一条天皇**《いちじょうてんのう》の后《きさき》となっていた**藤原道長**《ふじわらのみちなが》の娘《むすめ》・**彰子**《しょうし》に仕《つか》える女房《にょうぼう》となります。彼女《かのじょ》は彰子《しょうし》に、中国《ちゅうごく》の詩文《しぶん》についての解説《かいせつ》なども行《おこな》っていたようです。

もちろん、彰子《しょうし》に仕《つか》えるようになってからも『源氏物語《げんじものがたり》』は書《か》き続《つづ》けます。時《とき》の権力者《けんりょくしゃ》・藤原道長《ふじわらのみちなが》も『源氏物語《げんじものがたり》』を読《よ》むのを楽《たの》しみにしていたといわれています。

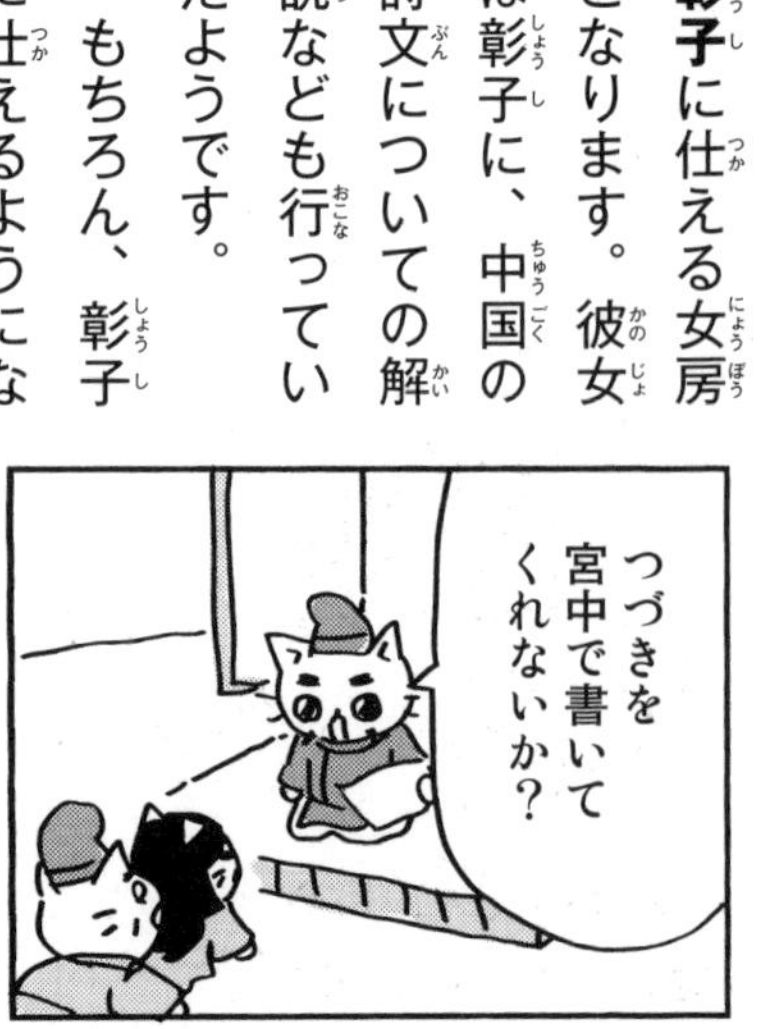

その後《ご》、紫式部《むらさきしきぶ》は、しばらく彰子《しょうし》に仕《つか》え、『源氏物語《げんじものがたり》』を完結《かんけつ》させます。『源氏物語《げんじものがたり》』は、今《いま》も愛《あい》される名作《めいさく》となりましたが、それを残《のこ》した紫式部《むらさきしきぶ》がどのように亡《な》くなったのかは、どの記録《きろく》にも残《のこ》っていません。

紫式部《むらさきしきぶ》と清少納言《せいしょうなごん》

	仕《つか》えた相手《あいて》	作品《さくひん》	作品内容《さくひんないよう》
 紫式部《むらさきしきぶ》	 彰子《しょうし》	源氏物語《げんじものがたり》	 主人公《しゅじんこう》の光源氏《ひかるげんじ》の恋愛《れんあい》と宮廷生《きゅうていせい》活《かつ》を描《えが》いた小説《しょうせつ》。
 清少納言《せいしょうなごん》	 定子《ていし》	枕草子《まくらのそうし》	 宮廷社会《きゅうていしゃかい》や日常《にちじょう》生活《せいかつ》についてつづった随筆集《ずいひつしゅう》。

年号《ねんごう》ゴロゴロ合《あ》わせ

1005年《ねん》 紫式部《むらさきしきぶ》が彰子《しょうし》に仕《つか》えはじめる ※1006年説《ねんせつ》も

コラム

『枕草子《まくらのそうし》』を書《か》いた清少納言《せいしょうなごん》も、紫式部《むらさきしきぶ》と同《おな》じ時代《じだい》を生《い》きた女性《じょせい》です。紫式部《むらさきしきぶ》は清少納言《せいしょうなごん》のことを意識《いしき》していたようで、「自慢気《じまんげ》な顔《かお》をしている人《ひと》」などと、自分《じぶん》の日記《にっき》にちょっと厳《きび》しい書《か》き方《かた》で記《しる》しています。

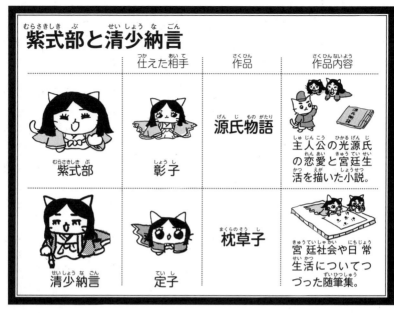

権力《けんりょく》を握《にぎ》った武士《ぶし》のリーダー

平《たいらの》清《きよ》盛《もり》

生没年《せいぼつねん》

【1118年《ねん》～
1181年《ねん》】

父親《ちちおや》

【平忠盛《たいらのただもり》】

身分《みぶん》

【武将《ぶしょう》・太政大臣《だいじょうだいじん》】

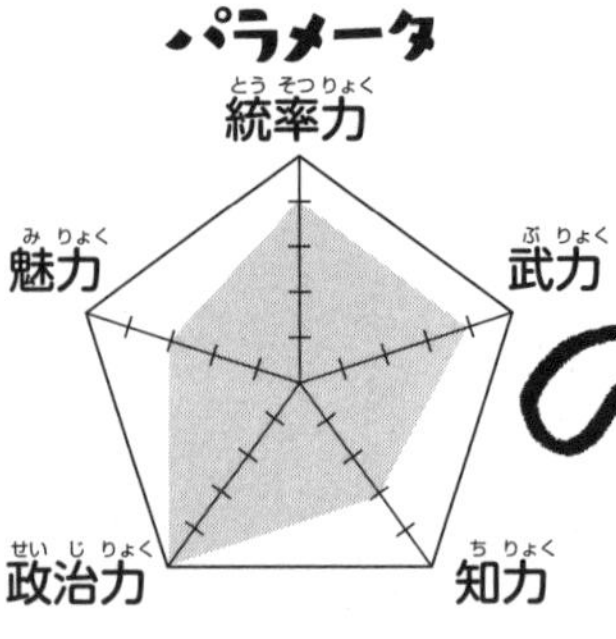

エピソード1

平清盛《たいらのきよもり》の本当《ほんとう》のお父《とう》さんは、院政《いんせい》をはじめた白河《しらかわ》上皇《じょうこう》だという噂《うわさ》が当時《とうじ》からありました。

エピソード2

平清盛《たいらのきよもり》はひどい熱病《ねつびょう》にかかりました。水風呂《みずぶろ》に入《い》れても熱《ねつ》ですぐお湯《ゆ》になったといいます。

上皇《じょうこう》のもとで力《ちから》をつけた武士《ぶし》

平安時代《へいあんじだい》の終《お》わり頃《ごろ》、天皇《てんのう》の位《くらい》を息子《むすこ》に譲《ゆず》った元天皇《もとてんのう》が、「**上皇**《じょうこう》」として政治《せいじ》を行《おこな》うようになりました。力《ちから》をつけてきた藤原《ふじわら》氏《し》などから少《すこ》し離《はな》れたところで、自由《じゆう》に政《せい》治《じ》を行《おこな》おうとしたのです。これを「**院政**《いんせい》」といいます。

上皇《じょうこう》はお屋敷《やしき》の警護《けいご》などのために武士《ぶし》を重《おも》く用《もち》いました。上皇《じょうこう》に大切《たいせつ》に扱《あつか》われた武士《ぶし》は徐々《じょじょ》に力《ちから》をつけ、出世《しゅっせ》もしていきます。

この時代《じだい》を代表《だいひょう》する武士団《ぶしだん》が**源氏**《げんじ》と**平氏**《へいし》の一族《いちぞく》です。

平清盛《たいらのきよもり》は35歳《さい》の時《とき》に父《ちち》の跡《あと》を継《つ》ぎ、平氏一《へいしいち》族《ぞく》を率《ひき》いるリーダーとなった人物《じんぶつ》なのです。

2つの戦《いくさ》で勝利《しょうり》した平清盛《たいらのきよもり》

平清盛《たいらのきよもり》がリーダーとなって3年後《ねんご》の1156年《ねん》、**鳥羽上皇**《とばじょうこう》が亡《な》くなります。すると、次《つぎ》に誰《だれ》が権力《けんりょく》を握《にぎ》るかで、天皇家《てんのうけ》や藤原家《ふじわらけ》の内部《ないぶ》で争《あらそ》いが起《お》こります。この時《とき》、源氏《げんじ》と平氏《へいし》も親子《おやこ》、兄弟《きょうだい》が分《わ》かれて戦《たたか》うことになりました。「**保元の乱**《ほうげんのらん》」と呼《よ》ばれる戦《たたか》いです。

この戦《たたか》いでは**後白河天皇**《ごしらかわてんのう》が勝《か》ち、次《つぎ》の権力者《けんりょくしゃ》となり

ました。そして、後白河天皇《ごしらかわてんのう》に味方《みかた》して戦《たたか》った平清盛《たいらのきよもり》と**源義朝《みなもとのよしとも》**は、リーダーとしてそれぞれ出世《しゅっせ》していきます。

ところが、その3年後《ねんご》、今度《こんど》は上皇《じょうこう》となった後白河《ごしらかわ》の部下《ぶか》同士《どうし》で争《あらそ》いが起《お》こり、武士《ぶし》では平清盛《たいらのきよもり》と源義朝《みなもとのよしとも》が分《わ》かれて戦《たたか》うことになりました。「**平治《へいじ》の乱《らん》**」です。

その結果《けっか》、ライバル源氏《げんじ》を倒《たお》した平氏《へいし》一族《いちぞく》は一層《いっそう》力《ちから》をつけることになったのです。

権力《けんりょく》を握《にぎ》った平氏《へいし》

この2つの戦《いくさ》によって、貴族間《きぞくかん》の争《あらそ》いであっても、結局《けっきょく》は武士《ぶし》の力《ちから》で勝敗《しょうはい》が決《き》まることが明《あき》らかになってきました。こうして、武士《ぶし》、それも勝《か》ち残《のこ》った平氏《へいし》の力《ちから》は、あの藤原氏《ふじわらし》をもしのぐようになります。

平清盛《たいらのきよもり》は、**太政《だいじょう》大臣《だいじん》**という貴族《きぞく》のトップの位《くらい》となり、さらに自分《じぶん》の娘《むすめ》を天皇《てんのう》に嫁入《よめい》りさせ、生《う》まれた子《こ》どもを次《つぎ》の天皇《てんのう》にするなどして、権力《けんりょく》をますます強化《きょうか》しました。清盛《きよもり》だけでなく平氏《へいし》一族《いちぞく》みんなが出世《しゅっせ》したのです。

ただ、権力《けんりょく》を握《にぎ》った清盛《きよもり》は、上皇《じょうこう》にも罰《ばつ》を与《あた》えようとしたり、強引に都をうつしたりと、少々乱暴《しょうしょうらんぼう》な振《ふ》る舞《まい》いが多くなり、一部《いちぶ》の人《ひと》から不満《ふまん》の声《こえ》が出《で》はじめます。そして、平氏《へいし》に対《たい》する反乱《はんらん》が起《お》こりはじめた頃《ころ》、平清盛《たいらのきよもり》は熱病《ねつびょう》で息《いき》を引《ひ》き取《と》るのです。

源平《げんぺい》の戦《たたか》い一覧《いちらん》

年月《ねんげつ》	戦《たたか》いの名前《なまえ》	対立図《たいりつず》 ※左側《ひだりがわ》が勝利《しょうり》
1180年《ねん》8月《がつ》	**石橋山《いしばしやま》の戦《たたか》い**	**平氏《へいし》** vs. 頼朝軍《よりともぐん》
1180年《ねん》10月《がつ》	**富士川《ふじがわ》の戦《たたか》い**	**頼朝軍《よりともぐん》** vs. 平氏《へいし》
1183年《ねん》5月《がつ》	**倶利伽羅峠《くりからとうげ》の戦《たたか》い**	**義仲軍《よしなかぐん》** vs. 平氏《へいし》
1184年《ねん》1月《がつ》	**宇治川《うじがわ》の戦《たたか》い**	**範頼《のりより》・義経軍《よしつねぐん》** vs. 義仲軍《よしなかぐん》
1184年《ねん》2月《がつ》	**一《いち》ノ谷《たに》の戦《たたか》い**	**範頼《のりより》・義経軍《よしつねぐん》** vs. 平氏《へいし》
1185年《ねん》2月《がつ》	**屋島《やしま》の戦《たたか》い**	**義経軍《よしつねぐん》** vs. 平氏《へいし》
1185年《ねん》3月《がつ》	**壇《だん》ノ浦《うら》の戦《たたか》い**	**範頼《のりより》・義経軍《よしつねぐん》** vs. 平氏《へいし》

年号《ねんごう》ゴロゴロ合《あ》わせ

1159年《ねん》 平治《へいじ》の乱《らん》が起《お》こる

コラム

平清《たいらのきよ》盛《もり》は、今《いま》の兵庫《ひょうご》県《けん》にあった大《おお》輪《わ》田《だの》泊《とまり》という港《みなと》を大《だい》規模《きぼ》に修《しゅう》理《り》して、中《ちゅう》国《ごく》にあった宋《そう》という国《くに》との貿《ぼう》易《えき》も盛《さか》んに行《おこな》いました。その貿《ぼう》易《えき》でお金《かね》をたくさん儲《もう》けたことも、平氏《へいし》が強《つよ》くなった大《おお》きな原因《げんいん》となっています。

鎌倉幕府《かまくらばくふ》をつくった源氏《げんじ》のリーダー

源《みなもとの》 頼《より》朝《とも》

生没年《せいぼつねん》
【1147年《ねん》～
1199年《ねん》】
父親《ちちおや》
【源義《みなもとのよし》朝《とも》】
身分《みぶん》
【鎌倉幕府初代将軍《かまくらばくふしょだいしょうぐん》】

パラメータ

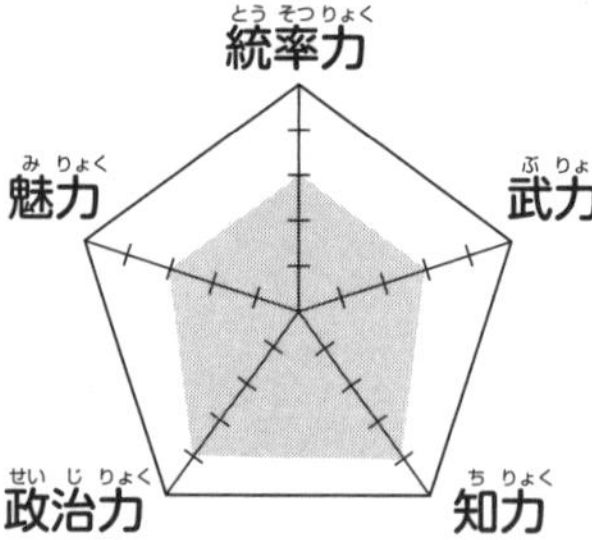

エピソード1

武将《ぶしょう》というイメージが強《つよ》いのですが、有名《ゆうめい》な『新《しん》古今和歌集《こきんわかしゅう》』に和歌《わか》が選《えら》ばれてもいます。

エピソード2

頼朝《よりとも》の死因《しいん》は正確《せいかく》にはわかっていませんが、落馬《らくば》が原因《げんいん》だという説《せつ》もあります。

戦《たたか》いに敗《やぶ》れ、伊豆《いず》へと流《なが》された頼朝《よりとも》

源頼朝《みなもとのよりとも》は、源氏《げんじ》のリーダーである**源義朝**《みなもとのよしとも》の三男《さんなん》として生《う》まれました。ただ、2人《ふたり》の兄《あに》は母親《ははおや》の身分《みぶん》があまり高《たか》くなかったので、頼朝《よりとも》が跡継《あとつ》ぎとして育《そだ》てられます。当時《とうじ》、1人《ひとり》の男性《だんせい》が何人《なんにん》かの女性《じょせい》と結婚《けっこん》するのは、よくあることでした。また、母親《ははおや》の身分《みぶん》は子《こ》どもの出世《しゅっせ》などにも大《おお》きな影響《えいきょう》を及《およ》ぼしたのです。

頼朝《よりとも》が、武士《ぶし》として初《はじ》めて戦《たたか》いに出《で》たのは、なんと12歳《さい》の時《とき》でした。

ところが、この戦《たたか》いで義朝《よしとも》、頼朝《よりとも》親《おや》子《こ》ら源氏《げんじ》の軍勢《ぐんぜい》は、**平清盛**《たいらのきよもり》率《ひき》いる平氏《へいし》に敗《やぶ》れてしまいます。**「平治《へいじ》の乱《らん》」**と呼《よ》ばれる戦《たたか》いです。

その結果《けっか》、頼朝《よりとも》の父《ちち》や兄《あに》は命《いのち》を落《お》とすのですが、頼朝《よりとも》は助《たす》けられ、伊豆《いず》へと流《なが》されることになります。

打倒平氏《だとうへいし》で立《た》ち上《あ》がる若《わか》きリーダー

この後《のち》、頼朝《よりとも》は伊豆《いず》の地《ち》で、お経《きょう》を読《よ》んだりして静《しず》かに暮《く》らします。その暮《く》らしは、なんと20年以上《ねんいじょう》にもなりました。

その頃《ころ》、源氏《げんじ》を破《やぶ》った平氏《へいし》のリーダー平清盛《たいらのきよもり》は、独《どく》

断《だん》で政治《せいじ》を進《すす》めていたため、そのやり方《かた》に反対《はんたい》の声《こえ》を上《あ》げる人々《ひとびと》も出《で》てきました。「平氏《へいし》に対抗《たいこう》するには源氏《げんじ》しかいない」そんな多《おお》くの人《ひと》の声《こえ》に押《お》され、ついに源頼朝《みなもとのよりとも》は、平氏《へいし》を倒《たお》そうと兵《へい》を挙《あ》げるのです。

やがて、戦《いくさ》は源氏《げんじ》のほうが優勢《ゆうせい》になっていきます。**富士川《ふじがわ》の戦《たたか》い**という合戦《かっせん》では、源氏《げんじ》の勢《いきお》いにビクビクしていた平氏《へいし》の軍勢《ぐんぜい》が、鳥《とり》が飛《と》び立《た》つ音《おと》を源氏《げんじ》の軍勢《ぐんぜい》の近《ちか》づく音《おと》と間違《まちが》え、何《なに》もしないまま逃《に》げ去《さ》ったという話《はなし》も伝《つた》わっているくらいです。

将軍《しょうぐん》にはなったけれど……

源氏《げんじ》と平氏《へいし》の争《あらそ》いは、源氏《げんじ》の勝利《しょうり》で幕《まく》を閉《と》じます。そして、勝《か》った源頼朝《みなもとのよりとも》は、1192年《ねん》に**征夷大将軍《せいいたいしょうぐん》**に任命《にんめい》されます。現在《げんざい》の神奈川県《かながわけん》にある鎌倉《かまくら》の地《ち》を政治《せいじ》の中心地《ちゅうしんち》とし、**鎌倉幕府《かまくらばくふ》**を開《ひら》くことになるのです。

しかし、20年《ねん》以《い》上《じょう》にわたる不自由《ふじゆう》な暮《く》らしを経《へ》て、ようやく権力《けんりょく》の座《ざ》に就《つ》いた頼朝《よりとも》でしたが、幸《しあわ》せな日々《ひび》はそう長《なが》くは続《つづ》きませんでした。将軍《しょうぐん》となってわずか7年《ねん》でこの世《よ》を去《さ》ることになってしまったからです。

しかも、その後《ご》に将軍《しょうぐん》となった息子《むすこ》の頼家《よりいえ》、実朝《さねとも》はともに20代《だい》で殺害《さつがい》されてしまいます。源氏《げんじ》の天下《てんか》はわずか3代《だい》、30年《ねん》足《た》らずで終《お》わってしまったのです。

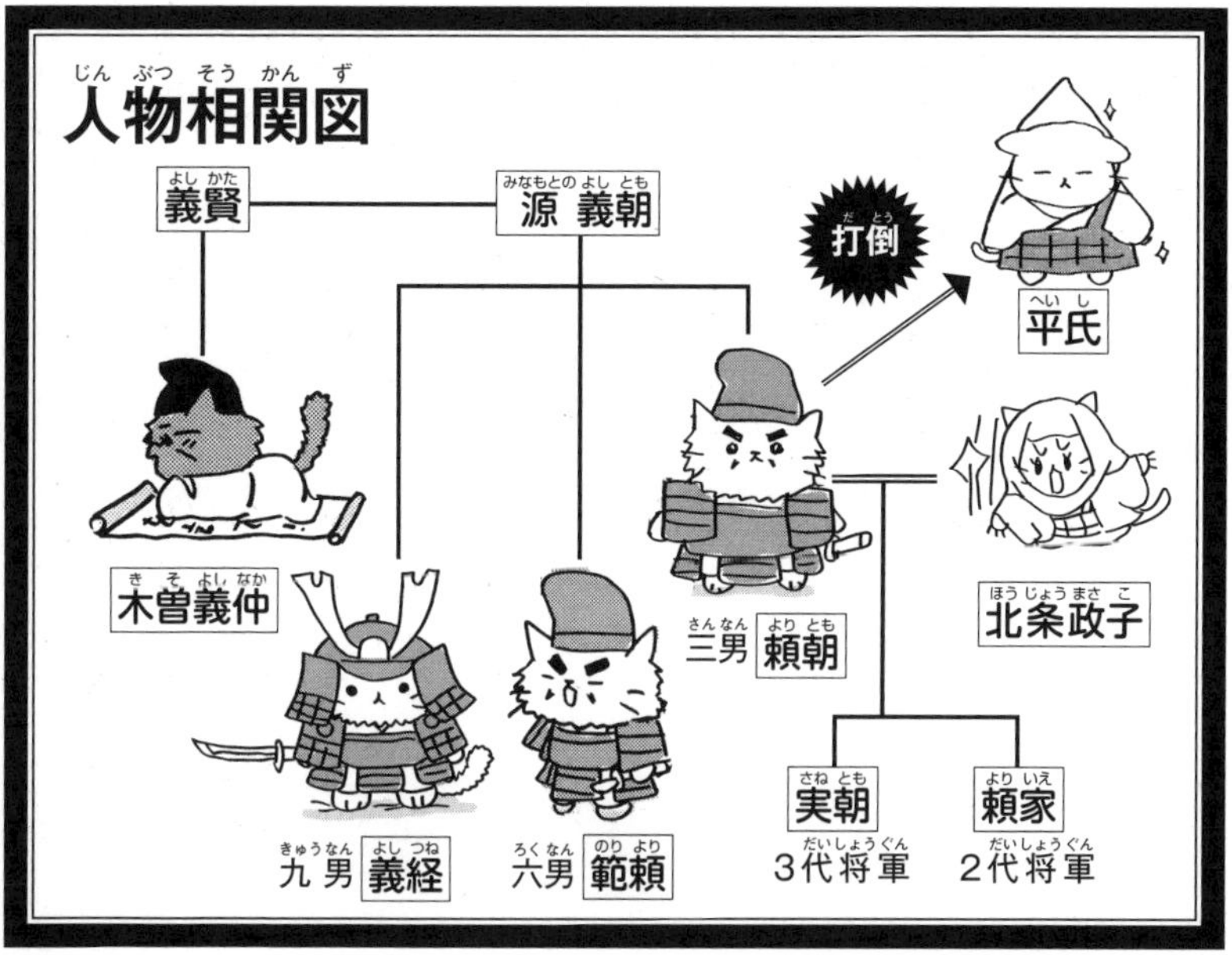

年号《ねんごう》ゴロゴロ
合《あ》わせ

1192年《ねん》
源《みなもとの》頼朝《よりとも》が
征夷大将軍《せいいたいしょうぐん》
になる

コラム

頼朝《よりとも》は、伊豆《いず》にいた頃《ころ》の監《かん》視役《しやく》だった北条時政《ほうじょうときまさ》の娘《むすめ》、政子《まさこ》を嫁《よめ》にもらっています。そして、源氏《げんじ》が3代《だい》で滅《ほろ》んでから、鎌倉幕府《かまくらばくふ》の中心《ちゅうしん》となる「執権《しっけん》」として政治《せいじ》を行《おこな》っていったのは、この北《ほう》条家《じょうけ》の人々《ひとびと》なのです。

平氏《へいし》を破《やぶ》った軍事《ぐんじ》の天才《てんさい》

源《みなもとの》 義《よし》経《つね》

生没年《せいぼつねん》
【1159年《ねん》～
1189年《ねん》】
幼名《ようみょう》
【牛若丸《うしわかまる》・遮那王《しゃなおう》】
身分《みぶん》
【武将《ぶしょう》】

パラメータ

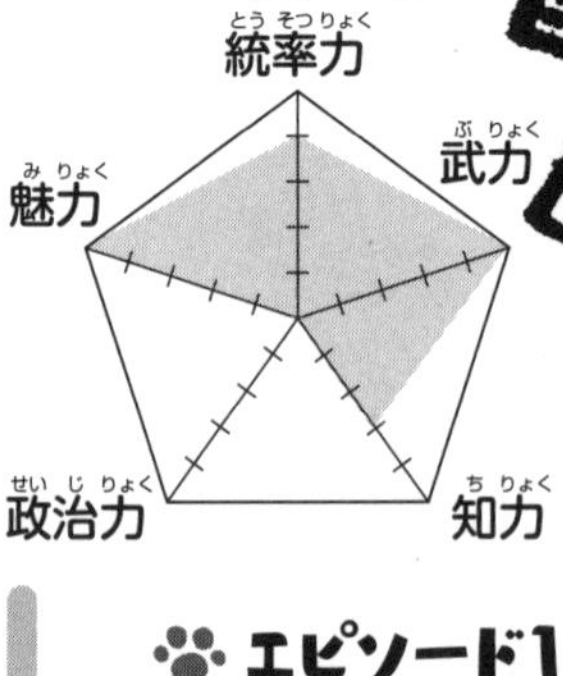

エピソード1

子《こ》どもの頃《ころ》は「牛若丸《うしわかまる》」と呼《よ》ばれていました。天狗《てんぐ》から武術《ぶじゅつ》を習《なら》った伝説《でんせつ》などが有名《ゆうめい》です。

エピソード2

義経《よしつね》は生《い》きて大陸《たいりく》に逃亡《とうぼう》し、モンゴルの君主《くんしゅ》チンギス＝ハンになったという伝説《でんせつ》もあります。

生《い》き延《の》びた源氏《げんじ》の御曹司《おんぞうし》

源義経《みなもとのよしつね》は、お母《かあ》さんは違《ちが》うのですが、**頼朝**《よりとも》の弟《おとうと》に当《あ》たる人物《じんぶつ》です。平治《へいじ》の乱《らん》で源氏《げんじ》が敗《やぶ》れた時《とき》には、まだ生《う》まれたばかりの赤《あか》ん坊《ぼう》でした。その時《とき》、一旦《いったん》は、京都《きょうと》を逃《のが》れたのですが、やがて捕《つか》まり、京都《きょうと》の鞍馬寺《くらまでら》に預《あず》けられることになります。

その後《ご》、義経《よしつね》がどうやって成長《せいちょう》していったのかは、明《あき》らかでない面《めん》も多《おお》いのですが、源氏《げんじ》のリーダーの血《ち》を引《ひ》くものとしてすくすくと成長《せいちょう》し、戦《いくさ》に関《かん》しても知識《ちしき》と技《ぎ》術《じゅつ》の両面《りょうめん》で力《ちから》をつけていったようです。

その後《ご》、義経《よしつね》は、東北地方《とうほくちほう》で大《おお》きな勢力《せいりょく》を持《も》っていた**奥州藤原氏**《おうしゅうふじわらし》のもとで保護《ほご》されるようになったといわれています。

平氏討伐《へいしとうばつ》の最優秀選手《さいゆうしゅうせんしゅ》

やがて、兄《あに》・頼朝《よりとも》が平氏《へいし》を倒《たお》すために兵《へい》を挙《あ》げると、義経《よしつね》もこれに参加《さんか》します。以《い》降《こう》、常《つね》に戦《たたか》いの最《さい》前線《ぜんせん》に立《た》って、軍《ぐん》事的才能《じてきさいのう》を発揮《はっき》していくのです。

一ノ谷《いちのたに》**の戦**《たたか》**い**という戦《いくさ》では、急《きゅう》な崖《がけ》を駆《か》け下《お》りるという奇襲作戦《きしゅうさくせん》を使《つか》

い、見事《みごと》に勝利《しょうり》をおさめます。また、**屋島**《やしま》**の戦**《たたか》**い**では、暴風雨《ぼうふうう》をものともせずに進軍《しんぐん》し、再《ふたた》び平氏《へいし》を追《お》い詰《つ》めました。そして、最終決戦《さいしゅうけっせん》である**壇ノ浦**《だんのうら》**の戦**《たたか》**い**でも活躍《かつやく》し、ついに平氏《へいし》を滅亡《めつぼう》させたのです。平氏《へいし》を滅《めつ》亡《ぼう》させたMVP《エムブイピー》は、義経《よしつね》だといってよいでしょう。

ところが、そんな義経《よしつね》と兄《あに》・頼朝《よりとも》との仲《なか》に、やがて、すきま風《かぜ》が吹《ふ》きはじめることになります。

兄弟《きょうだい》げんかの末《すえ》の悲劇《ひげき》

権力者《けんりょくしゃ》である**後白河上皇**《ごしらかわじょうこう》は、平氏《へいし》を破《やぶ》った義経《よしつね》を大切《たいせつ》に扱《あつか》ったのですが、それが頼《より》朝《とも》に憎《にく》まれる原因《げんいん》となりました。特《とく》に頼朝《よりとも》に相談《そうだん》もなく後白河上皇《ごしらかわじょうこう》から官位《かんい》を受《う》けたことなどが、頼朝《よりとも》の怒《いか》りに火《ひ》を点《つ》けたのです。もっとも、そう仕向《しむ》けたのは、兄弟《きょうだい》げんかをさせて源氏《げんじ》の力《ちから》を弱《よわ》めようとした後白河上皇《ごしらかわじょうこう》の作戦《さくせん》だったともいわれているのですが……。

義経にだけ「いいね！」押しちゃおっと
クス
義経えこひいき

その後《ご》、義経《よしつね》は追《お》われる立場《たちば》となります。各地《かくち》を逃亡《とうぼう》し、やがて、かつてお世話《せわ》になっていた奥州藤原氏《おうしゅうふじわらし》を頼《たよ》ることになるのですが、そこにも追手《おって》は近《ちか》づいてきます。「もはや、これまで」と思《おも》った義経《よしつね》は、ついに自害《じがい》を遂《と》げます。平氏滅亡《へいしめつぼう》から4年後《ねんご》、まだ30歳《さい》の年《とし》のことでした。

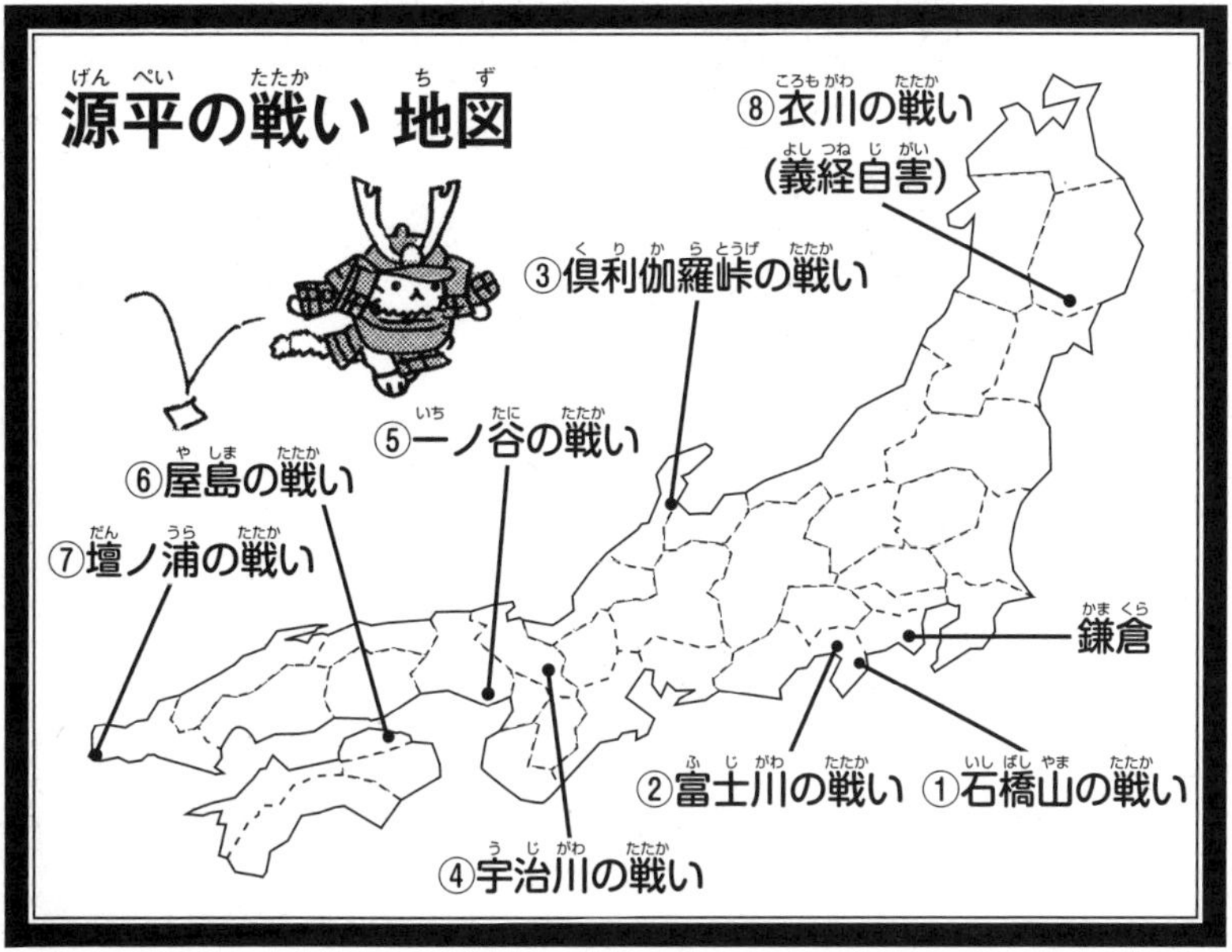

年号《ねんごう》ゴロゴロ
合《あ》わせ

1185年《ねん》 壇ノ浦《だんのうら》の戦《たたか》いで
平氏《へいし》が滅亡《めつぼう》する

コラム

義経《よしつね》の手下《てした》では弁慶《べんけい》が有名《ゆうめい》です。昔《むかし》は暴《あば》れん坊《ぼう》だったのですが、義経《よしつね》に懲《こ》らしめられて部下《ぶか》となり、最後《さいご》は義経《よしつね》を敵《てき》から守《まも》り、立《た》ったまま亡《な》くなったといわれています。ただし、伝説《でんせつ》が多《おお》く、実際《じっさい》の姿《すがた》は不明《ふめい》な点《てん》が多《おお》いようです。

室町幕府《むろまちばくふ》をつくった征夷大将軍《せいいたいしょうぐん》

足利《あしかが》尊氏《たかうじ》

生没年《せいぼつねん》
【1305年《ねん》～
1358年《ねん》】
父親《ちちおや》
【足利貞氏《あしかがさだうじ》】
身分《みぶん》
【室町幕府初代将軍《むろまちばくふしょだいしょうぐん》】

パラメータ

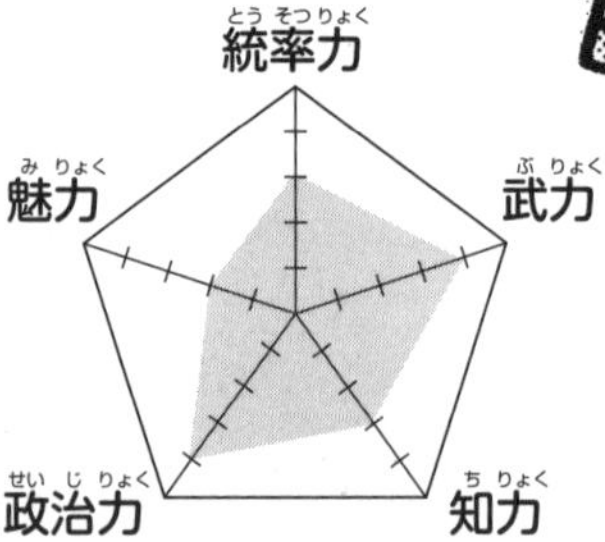

エピソード1

夢窓疎石《むそうそせき》というお坊《ぼう》さんは尊氏《たかうじ》のことを勇気《ゆうき》があり、憐《あわ》れみ深《ぶか》く、欲《よく》がないとほめています。

エピソード2

後《のち》に後醍醐天皇《ごだいごてんのう》が亡《な》くなると、尊氏《たかうじ》は天龍寺《てんりゅうじ》という大《おお》きなお寺《てら》を建《た》てて冥福《めいふく》を祈《いの》りました。

源頼朝《みなもとのよりとも》と足利尊氏《あしかがたかうじ》は親戚《しんせき》だった？

鎌倉幕府《かまくらばくふ》をつくった**源頼朝《みなもとのよりとも》**と**室町幕府《むろまちばくふ》**をつくった**足利尊氏《あしかがたかうじ》**は、実《じつ》は同《おな》じご先祖様《せんぞさま》から分《わ》かれた子孫同士《しそんどうし》です。源頼朝《みなもとのよりとも》のおじいちゃんのおじいちゃんに当《あ》たる源義家《みなもとのよしいえ》という人《ひと》がそのご先祖様《せんぞさま》。源義家《みなもとのよしいえ》の次男《じなん》の子孫《しそん》が源頼朝《みなもとのよりとも》で、三男《さんなん》の子孫《しそん》が足利尊氏《あしかがたかうじ》です。

つまり、足利氏《あしかがし》というのは、鎌倉幕府《かまくらばくふ》をつくった源氏《げんじ》の一族《いちぞく》の親戚《しんせき》のようなものなのです。当時《とうじ》、鎌倉幕府《かまくらばくふ》の中心《ちゅうしん》となっていた北条家《ほうじょうけ》以上《いじょう》に、幕府《ばくふ》の中心人物《ちゅうしんじんぶつ》として活躍《かつやく》するのにふさわしい家柄《いえがら》ともいえるでしょう。そんなことを尊氏《たかうじ》は意識《いしき》していたのかもしれません。

鎌倉幕府《かまくらばくふ》を倒《たお》した足利尊氏《あしかがたかうじ》

鎌倉幕府《かまくらばくふ》ができてから百数十年《ひゃくすうじゅうねん》も時《とき》が経《た》つと、そのやり方《かた》に不満《ふまん》を持《も》つ人《ひと》も出《で》てきます。特《とく》に政治《せいじ》の中心《ちゅうしん》からしばらく離《はな》れていた天皇《てんのう》や貴族《きぞく》の不満《ふまん》は高《たか》まっていました。

当時《とうじ》の帝《みかど》である**後醍醐天皇《ごだいごてんのう》**は、平安《へいあん》時代《じだい》のように天皇《てんのう》中心《ちゅうしん》の時代《じだい》をもう一度《いちど》築《きず》きたいと考《かんが》え、幕府《ばくふ》を倒《たお》すべく動《うご》き出《だ》します。この動《うご》きに幾人《いくにん》も

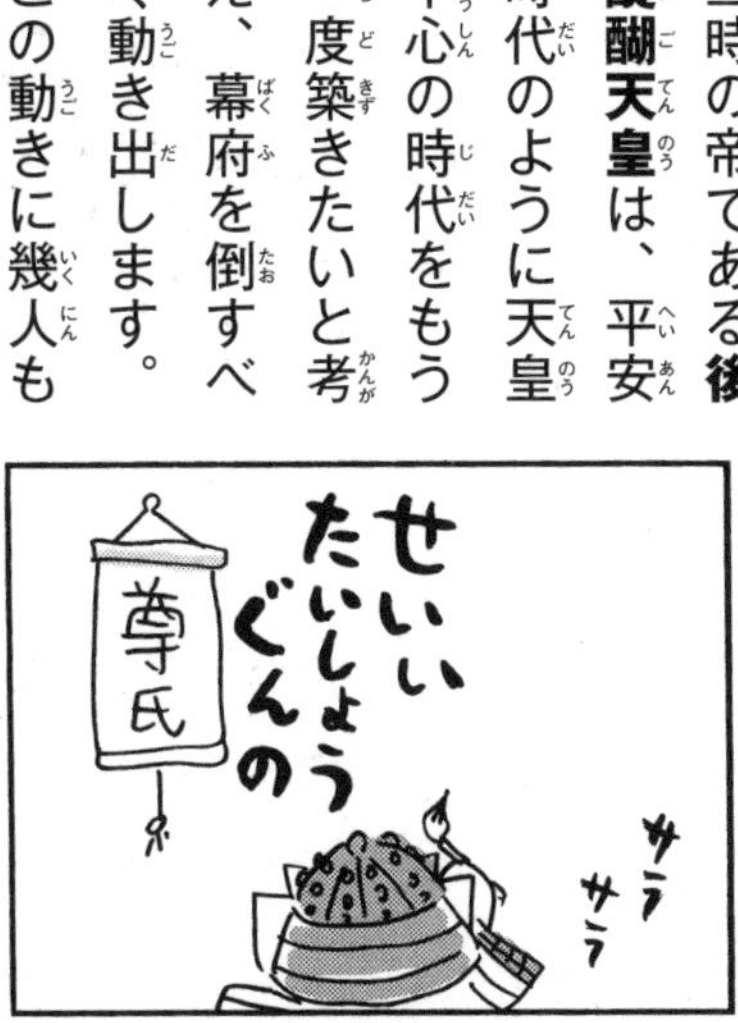

の武士《ぶし》などが加《くわ》わり、幕府《ばくふ》を倒《たお》そうという反乱《はんらん》が徐々《じょじょ》に大《おお》きくなってきます。

鎌倉幕府《かまくらばくふ》は、これを鎮《しず》めるために足利尊氏《あしかがたかうじ》らを派遣《はけん》したのですが、尊氏《たかうじ》は逆《ぎゃく》に反乱軍《はんらんぐん》のほうに加《くわ》わります。これが決《き》め手《て》となり、勢《いきお》いを増《ま》した反乱軍《はんらんぐん》は、ついに鎌倉幕府《かまくらばくふ》を倒《たお》します。ここに後醍醐天皇《ごだいごてんのう》を中心《ちゅうしん》とした「**建武《けんむ》の新政《しんせい》**」という新《あたら》しい政治《せいじ》がはじまるのです。

ついに念願《ねんがん》の将軍《しょうぐん》に！

しかし、後醍醐天皇《ごだいごてんのう》は、せっかく鎌倉幕府《かまくらばくふ》を倒《たお》すことに力《ちから》を尽《つ》くした武士《ぶし》たちに冷《つめ》たく当《あ》たるなどしたため、徐々《じょじょ》に武士《ぶし》たちの不満《ふまん》が高《たか》まってきました。

そこで足利尊氏《あしかがたかうじ》は、もう一度《いちど》武士《ぶし》を中心《ちゅうしん》とした政治《せいじ》をつくろうと、兵《へい》を挙《あ》げます。一時《いちじ》は敗《やぶ》れて九州《きゅうしゅう》まで逃《のが》れるのですが、やがて盛《も》り返《かえ》し、京都《きょうと》の政府軍《せいふぐん》を撃破《げきは》します。そして、新《あら》たに**光明天皇《こうみょうてんのう》**という帝《みかど》を立《た》てた足利尊氏《あしかがたかうじ》は、ついに念願《ねんがん》の征夷大将軍《せいいたいしょうぐん》となり、室町幕府《むろまちばくふ》を開《ひら》くことになるのです。

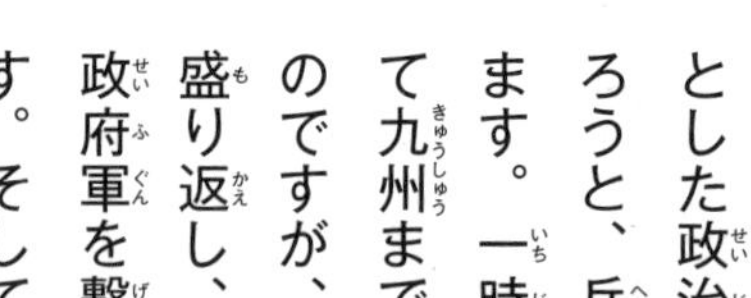
そして京に室町幕府を開いた
ニャーニャ〜

一方《いっぽう》の後醍醐天皇《ごだいごてんのう》は奈良県《ならけん》の吉野《よしの》に逃《のが》れ、自《みずか》らが正《ただ》しい帝《みかど》であると主張《しゅちょう》します。尊氏《たかうじ》の立《た》てた光明天皇《こうみょうてんのう》の**北朝《ほくちょう》**と後醍醐天皇《ごだいごてんのう》の**南朝《なんちょう》**という2つの朝廷《ちょうてい》が存在《そんざい》する**南北朝《なんぼくちょう》の時代《じだい》**は、以降《いこう》、尊氏《たかうじ》の孫《まご》の代《だい》まで続《つづ》きます。

人物相関図《じんぶつそうかんず》

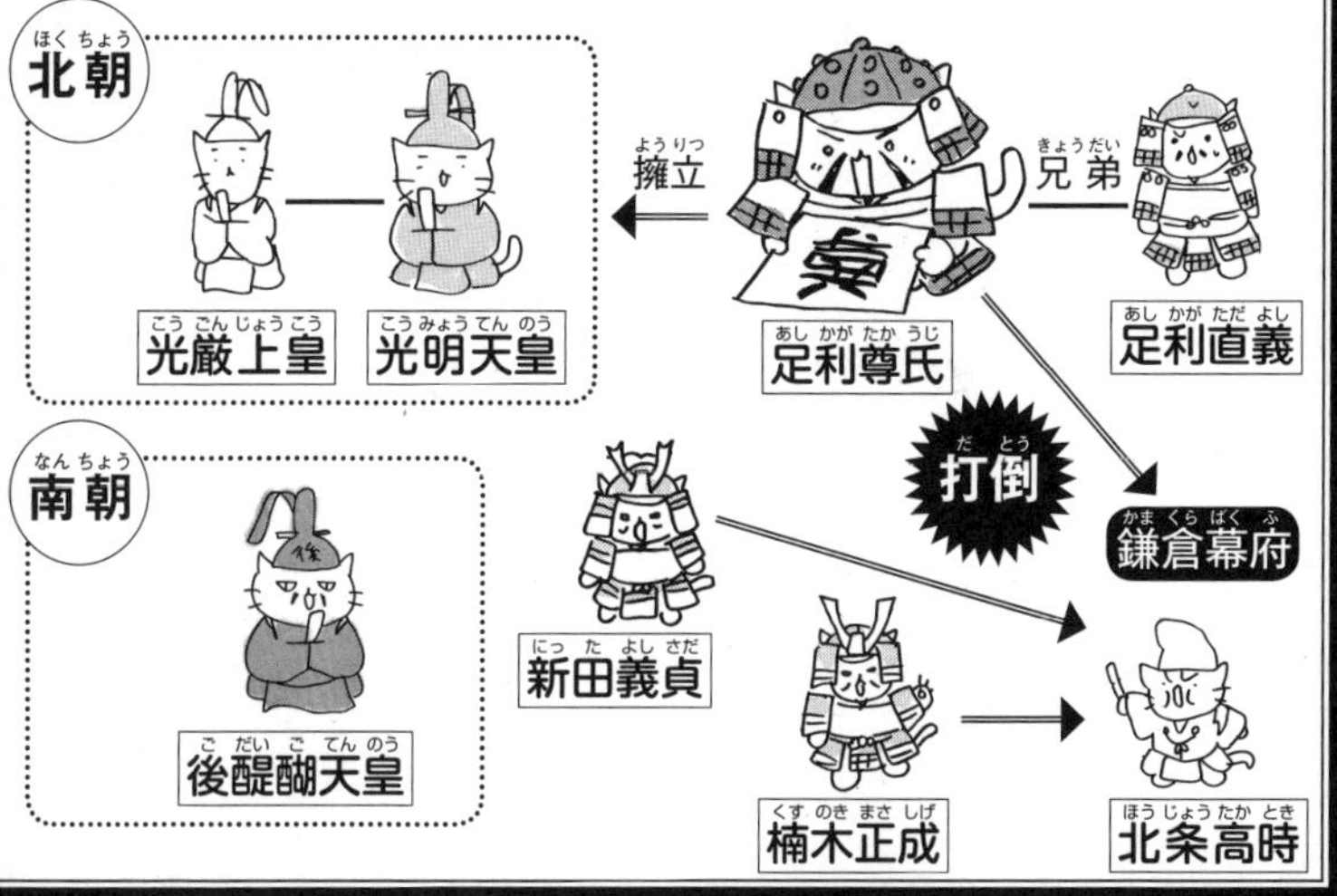

年号《ねんごう》ゴロゴロ合《あ》わせ

1338年《ねん》 足利尊氏《あしかがたかうじ》が征夷大将軍《せいいたいしょうぐん》になる

コラム

足利尊氏《あしかがたかうじ》は、もともと、鎌倉幕府《かまくらばくふ》の執権《しっけん》だった北条高時《ほうじょうたかとき》から一字《いちじ》をもらい、「高氏《たかうじ》」と名乗《なの》っていました。そして、幕府《ばくふ》を滅《ほろ》ぼした後《のち》、後醍醐天皇《ごだいごてんのう》の名前《なまえ》である「尊治《たかはる》」から一字《いちじ》をもらい、「尊氏《たかうじ》」と名《な》を改《あらた》めたのです。

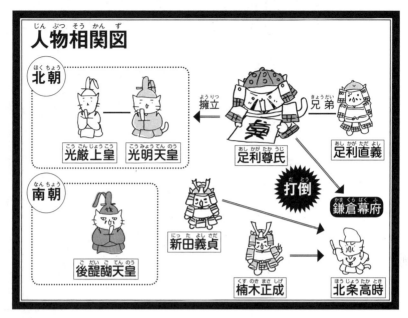

ねこねこクイズ②

問題《もんだい》1

空海《くうかい》が開《ひら》いた宗派《しゅうは》は次《つぎ》の内《うち》どれかニャ？

❶ 法華宗《ほっけしゅう》
❷ 真言宗《しんごんしゅう》
❸ 天台宗《てんだいしゅう》

問題《もんだい》2

藤原道長《ふじわらのみちなが》の娘《むすめ》で、後一条天皇《ごいちじょうてんのう》を産《う》んだ人《ひと》は誰《だれ》かニャ？

❶ 定子《ていし》
❷ 政子《まさこ》
❸ 彰子《しょうし》

問題《もんだい》3

紫式部《むらさきしきぶ》が書《か》いた文学作品《ぶんがくさくひん》は次《つぎ》の内《うち》どれかニャ？

❶ 源氏物語《げんじものがたり》
❷ 雨月物語《うげつものがたり》
❸ 枕草子《まくらのそうし》

問題《もんだい》4

ライバル同士《どうし》だった平清盛《たいらのきよもり》と源義朝《みなもとのよしとも》が争《あらそ》った戦《たたか》いは何《なに》かニャ？

❶ 保元《ほうげん》の乱《らん》
❷ 平治《へいじ》の乱《らん》
❸ 承久《じょうきゅう》の乱《らん》

問題《もんだい》5

次《つぎ》の内《うち》、源《みなもとの》頼《より》朝《とも》の兄弟《きょうだい》でないのは誰《だれ》かニャ？

❶ 義経《よしつね》
❷ 範頼《のりより》
❸ 義仲《よしなか》

問題《もんだい》6

源《みなもとの》頼《より》朝《とも》の妻《つま》として知《し》られる人物《じんぶつ》は次《つぎ》の誰《だれ》かニャ？

❶ 北条政子《ほうじょうまさこ》
❷ 巴御前《ともえごぜん》
❸ 郷御前《さとごぜん》

問題《もんだい》7

源《みなもとの》義経《よしつね》の活躍《かつやく》により、平氏《へいし》を滅亡《めつぼう》させた最後《さいご》の戦《たたか》いは何《なに》かニャ？

❶ 富士川《ふじがわ》の戦《たたか》い
❷ 三方ヶ原《みかたがはら》の戦《たたか》い
❸ 壇ノ浦《だんのうら》の戦い

問題《もんだい》8

足利尊氏《あしかがたかうじ》が征夷大将軍《せいいたいしょうぐん》となったのは、いつのことかニャ？

❶ 1333年《ねん》
❷ 1336年《ねん》
❸ 1338年《ねん》

答え

答《こた》え1

②

法華宗《ほっけしゅう》は鎌倉時代《かまくらじだい》の僧《そう》・日蓮《にちれん》が開《ひら》いた宗派《しゅうは》で、日蓮宗《にちれんしゅう》とも呼《よ》ばれます。天台宗《てんだいしゅう》は最澄《さいちょう》が広めました。

答《こた》え2

③

彰子《しょうし》は一条天皇《いちじょうてんのう》の妻《つま》で、後朱雀天皇《ごすざくてんのう》の母《はは》でもあります。紫式部《むらさきしきぶ》などから教育《きょういく》を受《う》けました。

答《こた》え3

①

『枕草子《まくらのそうし》』は、紫式部《むらさきしきぶ》と同時代《どうじだい》に中宮《ちゅうぐう》（藤原《ふじわらの》）定子《ていし》に仕《つか》えていた清少納言《せいしょうなごん》による随筆集《ずいひつしゅう》です。

答《こた》え4

②

平治《へいじ》の乱《らん》は、後白河上皇《ごしらかわじょうこう》の部下《ぶか》同士《どうし》の対立《たいりつ》をきっかけに源平《げんぺい》が争《あらそ》った戦《たたか》いで、平氏側《へいしがわ》が勝利《しょうり》しました。

答《こた》え5

③

源《みなもとの》義朝《よしとも》を父《ちち》にして、頼朝《よりとも》は三男《さんなん》、範頼《のりより》は六男《ろくなん》、義経《よしつね》は九男《きゅうなん》です。木《き》曽《そ》義仲《よしなか》は従弟《いとこ》に当《あ》たる人物《じんぶつ》です。

答《こた》え6

①

北条政子《ほうじょうまさこ》は夫《おっと》である頼朝《よりとも》を亡《な》くした後《のち》、幕府《ばくふ》の政治に積極的《せっきょくてき》に関《かか》わり、尼将軍《あましょうぐん》と呼《よ》ばれました。

答《こた》え7

③

壇《だん》ノ浦《うら》の戦《たたか》いで平氏《へいし》が敗《やぶ》れ、清盛《きよもり》の孫《まご》に当《あ》たる安徳天皇《あんとくてんのう》や平氏《へいし》の女性《じょせい》たちは入水《じゅすい》して自害《じがい》しました。

答《こた》え8

③

1333年《ねん》は鎌倉幕府《かまくらばくふ》が滅亡《めつぼう》した年《とし》、1336年《ねん》は建武《けんむ》の新政《しんせい》が終《お》わり南北朝時代《なんぼくちょうじだい》に突入《とつにゅう》した年《とし》です。

戦国時代《せんごくじだい》から安土桃山時代《あづちももやまじだい》まで

武田信玄《たけだしんげん》　上杉謙信《うえすぎけんしん》　織田信長《おだのぶなが》　豊臣秀吉《とよとみひでよし》

伊達政宗《だてまさむね》　徳川家康《とくがわいえやす》　真田幸村《さなだゆきむら》

最強《さいきょう》といわれた戦国武将《せんごくぶしょう》

武《たけ》田《だ》信《しん》玄《げん》

生没年《せいぼつねん》
【1521年《ねん》～
1573年《ねん》】
出身地《しゅっしんち》
【甲斐国《かいのくに》（山梨県《やまなしけん》）】
あだ名《な》
【甲斐《かい》の虎《とら》】

パラメータ

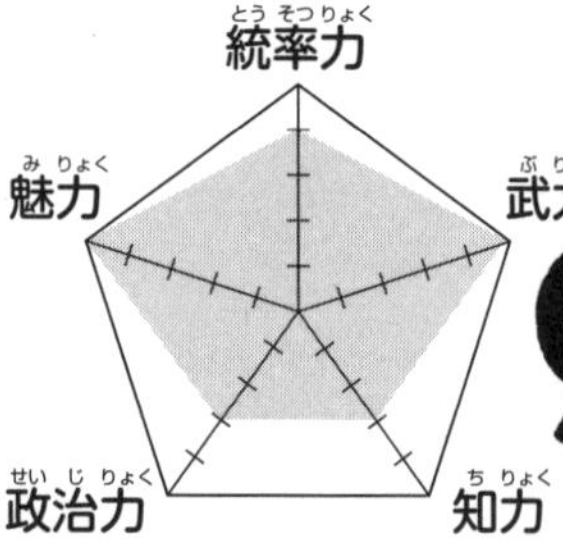

エピソード1

「信玄《しんげん》」とは、出家《しゅっけ》してお坊《ぼう》さんになってからの名前《なまえ》で、本来《ほんらい》の名《な》は「晴信《はるのぶ》」といいます。

エピソード2

手《て》にしているのは軍配《ぐんばい》といって占《うらな》いや軍《ぐん》の指揮《しき》に使《つか》う道具《どうぐ》です。相撲《すもう》の行司《ぎょうじ》も持《も》ってますね。

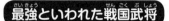

父《ちち》を追放《ついほう》して当主《とうしゅ》となった信玄《しんげん》

室町幕府《むろまちばくふ》は、できてから百年《ひゃくねん》、二百年《にひゃくねん》と時《とき》が経《た》ってくるうちに、だんだんその力《ちから》が弱《よわ》まってきました。すると、各地《かくち》で**戦国大《せんごくだい》名《みょう》**が力《ちから》をつけ、互《たが》いに争《あらそ》うようになります。**戦国時代《せんごくじだい》**と呼《よ》ばれるこの時代《じだい》に最強《さいきょう》といわれた武将《ぶしょう》が、甲斐国《かいのくに》（今《いま》の山梨県《やまなしけん》）を中心《ちゅうしん》に領土《りょうど》を広《ひろ》げていった**武田信玄《たけだしんげん》**です。

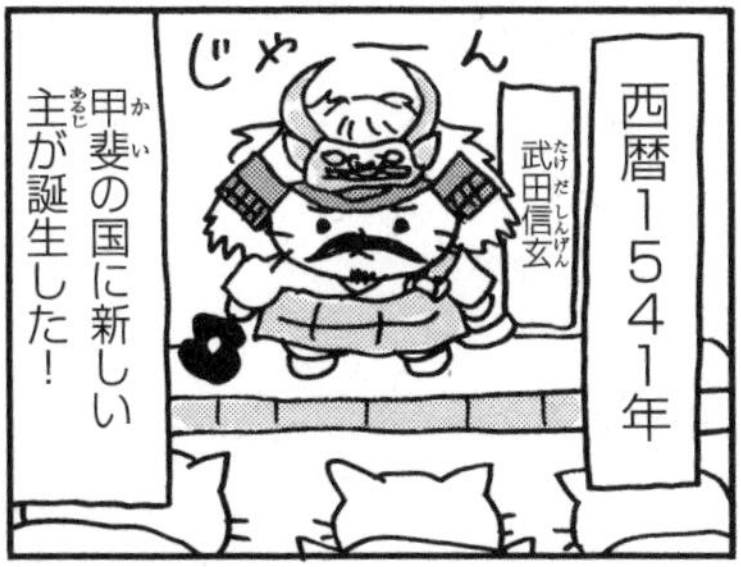

信玄《しんげん》は甲斐国《かいのくに》を統一《とういつ》した**武田信虎《たけだのぶとら》**の長男《ちょうなん》でした。本来《ほんらい》はお父《とう》さんが亡《な》くなるか、引退《いんたい》するかしたら跡《あと》を継《つ》ぐのですが、信玄《しんげん》の場合《ばあい》は少《すこ》し違《ちが》いました。父《ちち》を追放《ついほう》して跡《あと》を継《つ》ぐという少々《しょうしょう》強引《ごういん》なやり方《かた》で甲斐国《かいのくに》の当主《とうしゅ》となったのです。その理由《りゆう》としては、父《ちち》・信虎《のぶとら》が弟《おとうと》の信《のぶ》繁《しげ》を当主《とうしゅ》にしようとしていたからだとか、父《ちち》が家臣《かしん》から信頼《しんらい》を失《な》くしていたから泣《な》く泣《な》く追放《ついほう》したのだとかいろいろいわれていますが、本当《ほんとう》のところはわかっていません。

上杉謙信《うえすぎけんしん》との激《はげ》しい攻防《こうぼう》

武田信玄《たけだしんげん》は、ライバル**上杉謙信《うえすぎけんしん》**と激《はげ》しい戦《たたか》いを繰《く》り広《ひろ》げたことでも知《し》られています。現在《げんざい》の長野市《ながのし》にある**川中島《かわなかじま》**というところでなんと11年間《ねんかん》にわたり合計《ごうけい》5回《かい》もの戦《たたか》いを行《おこな》ったのです。

特《とく》に激《はげ》しい戦《たたか》いとなったのが、4回目《かいめ》の戦《たたか》いです。この戦《たたか》いで武田軍《たけだぐん》は、信玄《しんげん》の

そんなこんなで
史上最も有名な
第四次川中島の戦い
今回は「きつつき戦法」で行きます
お！初めてまともな作戦！

弟《おとうと》・信繁《のぶしげ》や名軍師《めいぐんし》として知《し》られる**山本勘助**《やまもとかんすけ》を失《うしな》います。しかし、武田軍《たけだぐん》も後半《こうはん》は盛《も》り返《かえ》し、上杉軍《うえすぎぐん》のほうも多《おお》くの犠牲者《ぎせいしゃ》を出《だ》したと伝《つた》えられています。結果的《けっかてき》に、武田《たけだ》、上杉《うえすぎ》という両雄《りょうゆう》の戦《たたか》いは決着《けっちゃく》がつかず、引《ひ》き分《わ》けのまま終《お》わりを迎《むか》えます。

信長《のぶなが》の天下《てんか》の前《まえ》に立《た》ちはだかる！

信玄《しんげん》と謙信《けんしん》が争《あらそ》っているうちに、**織田信長**《おだのぶなが》が力《ちから》をつけ、天下統一《てんかとういつ》を進《すす》めていきます。それに「待《ま》った」をかけたのも信玄《しんげん》でした。

1572年《ねん》、信長《のぶなが》と対決《たいけつ》すべく進軍《しんぐん》を開始《かいし》した信玄《しんげん》は、途中《とちゅう》で**徳川家康**《とくがわいえやす》の軍《ぐん》と戦《いくさ》になりましたが、結果《けっか》は武田軍《たけだぐん》の圧勝《あっしょう》でした。この「**三方《みかた》ヶ《が》原《はら》の戦《たたか》い**」は、後《のち》に天下《てんか》を治《おさ》める徳川家康《とくがわいえやす》の生涯最大《しょうがいさいだい》の惨敗《ざんぱい》だったといわれています。

まさに向《む》かうところ敵《てき》なしといった感《かん》じの武田軍《たけだぐん》だったのですが、その後《ご》、なぜか突然《とつぜん》に軍《ぐん》を引《ひ》き返《かえ》してしまいました。その理由《りゆう》は、実《じつ》は進軍中《しんぐんちゅう》に武田信玄《たけだしんげん》が病気《びょうき》で亡《な》くなったからなのです。信長《のぶなが》は間一髪《かんいっぱつ》のところで助《たす》かったといえるかもしれません。

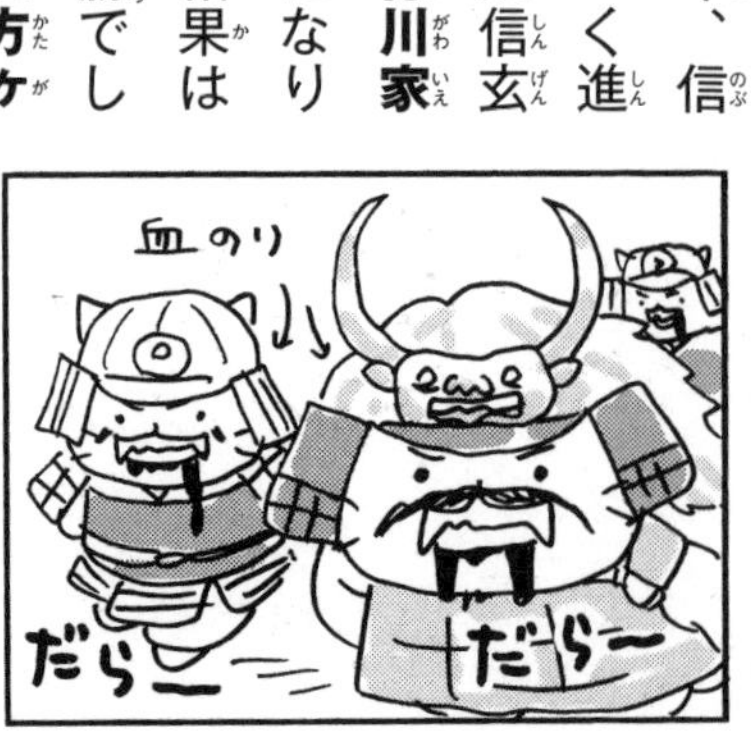
血のり
だら〜〜
だら〜

きつつき戦法《せんぽう》について

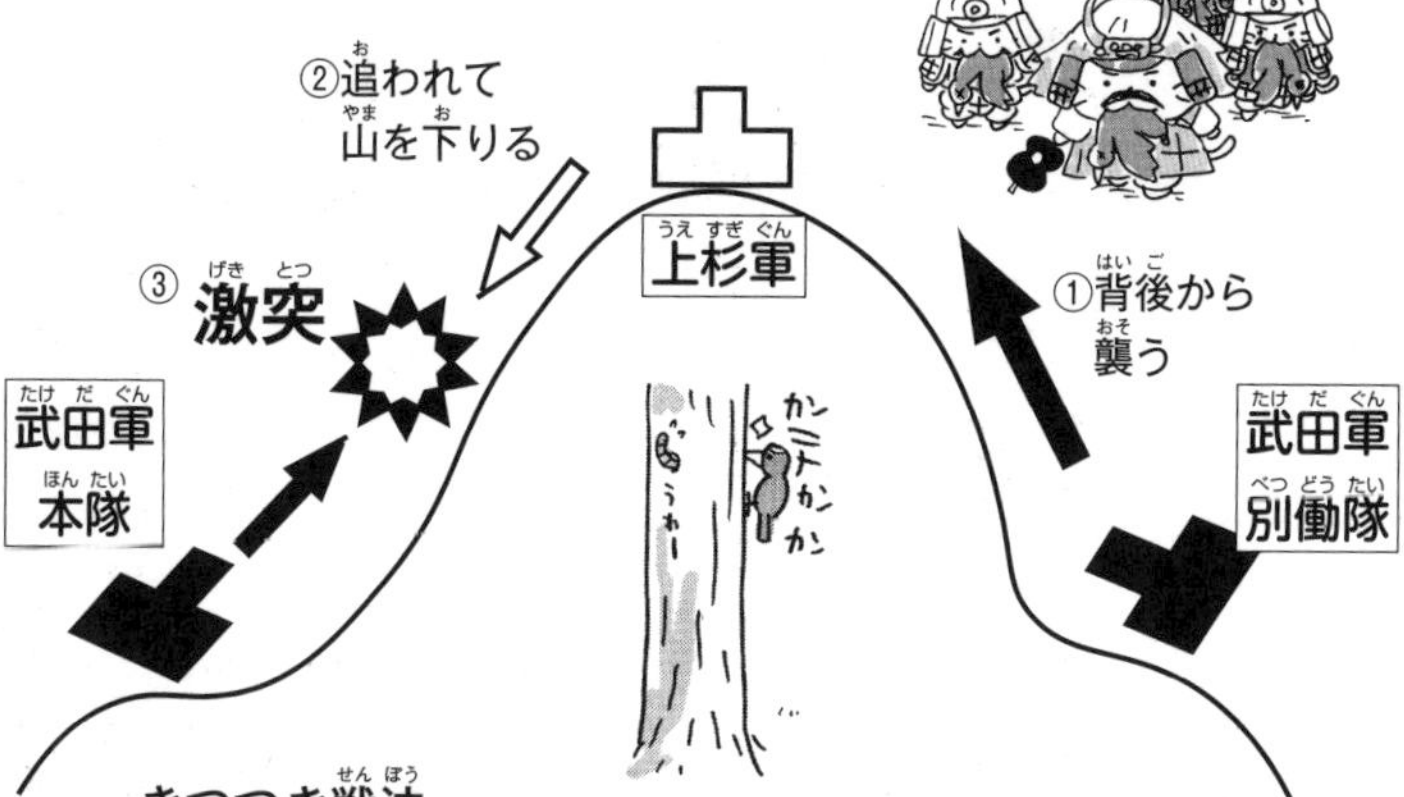

きつつき戦法《せんぽう》

山本勘助《やまもとかんすけ》が考《かんが》えた、山《やま》の両側《りょうがわ》から挟《はさ》み撃《う》ちにする作戦《さくせん》です。

年号《ねんごう》ゴロゴロ合《あ》わせ

1572年《ねん》 三方ヶ原《みかたがはら》の戦《たたか》いが起《お》こる

コラム

急死《きゅうし》した信玄《しんげん》は、遺言《ゆいごん》で「自分《じぶん》の死《し》を3年《ねん》は内緒《ないしょ》にしろ」といったそうですが、すぐに多《おお》くの人《ひと》に知《し》られることになりました。また、自分《じぶん》の息子《むすこ》には「何《なに》かあったら上杉謙信《うえすぎけんしん》を頼《たよ》れ」といい残《のこ》したともいわれています。

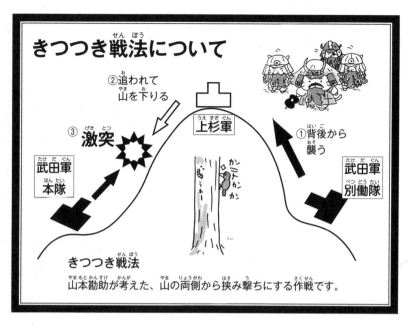

戦《いくさ》が強《つよ》かった正義《せいぎ》の武将《ぶしょう》

上《うえ》杉《すぎ》謙《けん》信《しん》

生没年《せいぼつねん》
【1530年《ねん》～1578年《ねん》】
出身地《しゅっしんち》
【越後国《えちごのくに》（新潟県《にいがたけん》）】
あだ名《な》
【越後《えちご》の竜《りゅう》】

パラメータ

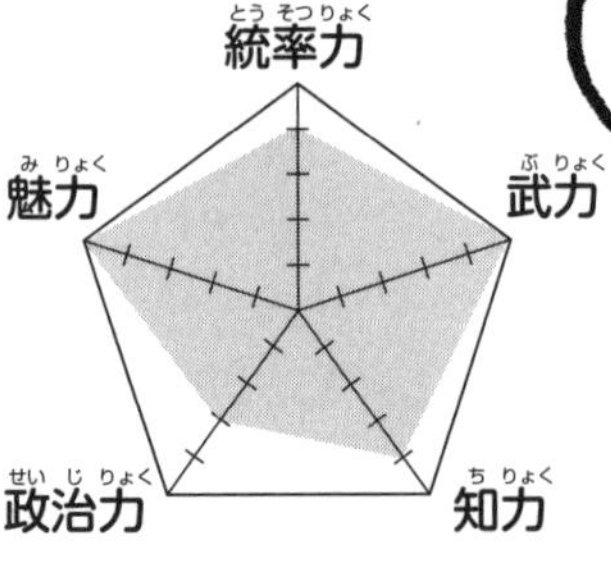

エピソード1

元《もと》の姓《せい》は「長尾《ながお》」ですが、関東管領上杉氏《かんとうかんれいうえすぎし》を助《たす》けたことからその姓《せい》を継《つ》ぐことになりました。

エピソード2

大酒飲《おおざけの》みで有名《ゆうめい》だった一方《いっぽう》で、和歌《わか》や漢詩《かんし》を好《この》むなど文化人《ぶんかじん》としての顔《かお》も持《も》っていました。

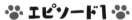

実力《じつりょく》を買《か》われ越後《えちご》の当主《とうしゅ》に

上杉謙信《うえすぎけんしん》のお父《とう》さんは、越後国《えちごのくに》（今《いま》の新潟県《にいがたけん》）をほぼ手中《しゅちゅう》にしていた人物《じんぶつ》でした。ただ、謙信《けんしん》は末《すえ》っ子《こ》だったので、跡《あと》は継《つ》がずに寺《てら》に預《あず》けられて成長《せいちょう》します。

ところが、まだ国内《こくない》に反発《はんぱつ》する人《ひと》がたくさんいるのに、父《ちち》の跡《あと》を継《つ》いだお兄《にい》さんが病弱《びょうじゃく》だったため、謙信《けんしん》も兄《あに》を助《たす》け武力《ぶりょく》で反対勢力《はんたいせいりょく》をまとめる仕事《しごと》をはじめるようになります。

すると、謙信《けんしん》は持《も》ち前《まえ》の力《ちから》を発揮《はっき》し、徐々《じょじょ》に反対勢力《はんたいせいりょく》は少《すく》なくなります。こうなると病弱《びょうじゃく》の兄《あに》より弟《おとうと》の謙信《けんしん》を当主《とうしゅ》にしたほうがよいのではないかという声《こえ》も出《で》はじめます。やがて謙信《けんしん》は、兄《あに》の養子《ようし》となってその跡《あと》を継《つ》ぎ、越後国《えちごのくに》を治《おさ》めることになったのです。

困《こま》った人《ひと》を救《すく》い続《つづ》けた謙信《けんしん》

上杉謙信《うえすぎけんしん》のことを義理《ぎり》がたい人《ひと》、正義《せいぎ》の武将《ぶしょう》だという人《ひと》がいます。

確《たし》かに謙信《けんしん》は、かつて関東《かんとう》を治《おさ》めていた**関東管領上杉氏**《かんとうかんれいうえすぎし》から助《たす》けを求《もと》められると、関東《かんとう》に兵《へい》を出《だ》してこれを救《すく》おうとします。謙信《けんしん》が関東《かんとう》に出兵《しゅっぺい》

あーだから「毘」なんだー

したのは十数回《じゅうすうかい》に及《およ》びました。

また、**武田信玄**《たけだしんげん》により信濃国《しなののくに》（今《いま》の長野《ながの》県《けん》）を追《お》われた武将《ぶしょう》から頼《たよ》られると、こちらにも何度《なんど》となく兵《へい》を出《だ》し、武田信玄《たけだしんげん》と争《あらそ》いました。これが「**川中島**《かわなかじま》**の戦**《たたか》**い**」です。

苦労《くろう》を惜《お》しまず人助《ひとだす》けを繰《く》り返《かえ》しただけではなく、生涯《しょうがい》、お嫁《よめ》さんももらわずに、ひたすら毘沙門天《びしゃもんてん》という神様《かみさま》を信仰《しんこう》し続《つづ》けた上杉謙信《うえすぎけんしん》。確《たし》かに、まじめで一途《いちず》な「正《せい》義《ぎ》の武将《ぶしょう》」のようにも思《おも》えてきますね。

織田信長《おだのぶなが》との決戦《けっせん》は？

そんな上杉謙信《うえすぎけんしん》は、武田信玄《たけだしんげん》亡《な》き後《あと》、天《てん》下統一《かとういつ》を狙《ねら》う**織田信長**《おだのぶなが》にとって、最大《さいだい》の敵《てき》でもありました。事実《じじつ》、「**手取川**《てどりがわ》**の戦**《たたか》**い**」と呼《よ》ばれる合戦《かっせん》では、織田軍《おだぐん》にかなりの損《そん》害《がい》を与《あた》えたといわれています。

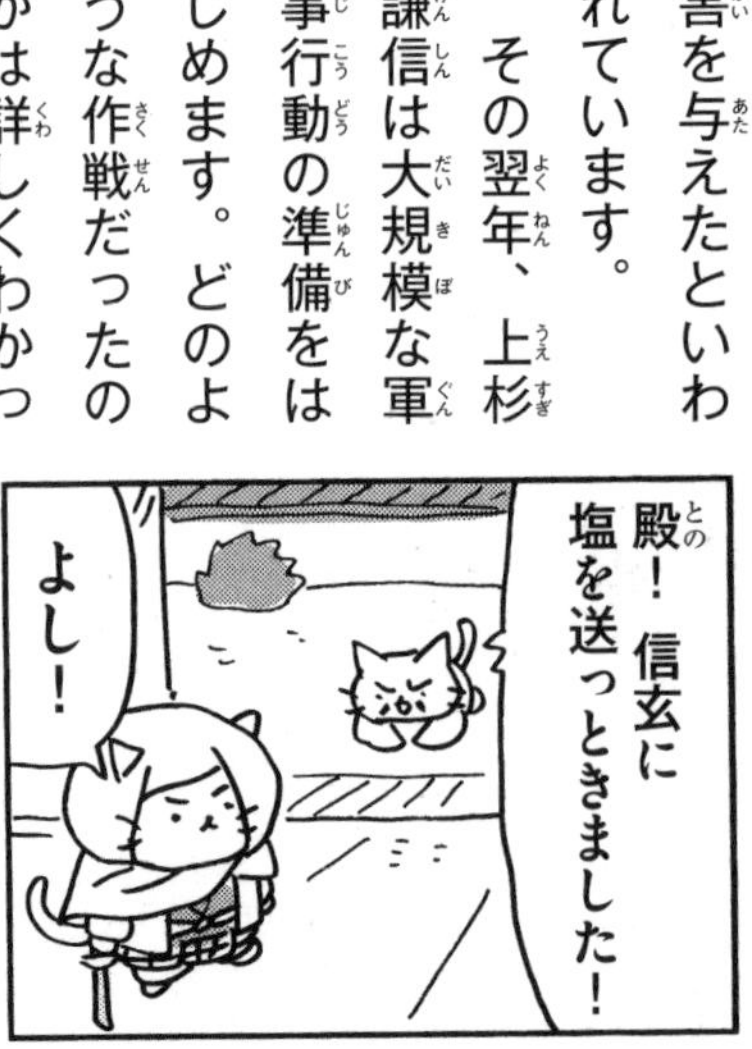
殿《との》！信玄に塩を送っときました！
よし！

その翌年《よくねん》、上杉《うえすぎ》謙信《けんしん》は大規模《だいきぼ》な軍《ぐん》事行動《じこうどう》の準備《じゅんび》をはじめます。どのような作戦《さくせん》だったのかは詳《くわ》しくわかっていないのですが、まずは関東《かんとう》を平定《へいてい》し、次《つぎ》に信長《のぶなが》との決戦《けっせん》に臨《のぞ》む予定《よてい》だったのではないかともいわれています。

しかし、この作戦《さくせん》が実行《じっこう》されることはありませんでした。遠征準備《えんせいじゅんび》の最中《さいちゅう》に上杉謙《うえすぎけん》信《しん》が急病《きゅうびょう》で亡《な》くなってしまったからです。織田信長《おだのぶなが》は、またしても強敵《きょうてき》の病死《びょうし》によって救《すく》われたといってもよいでしょう。

車懸《くるまが》かりの陣《じん》

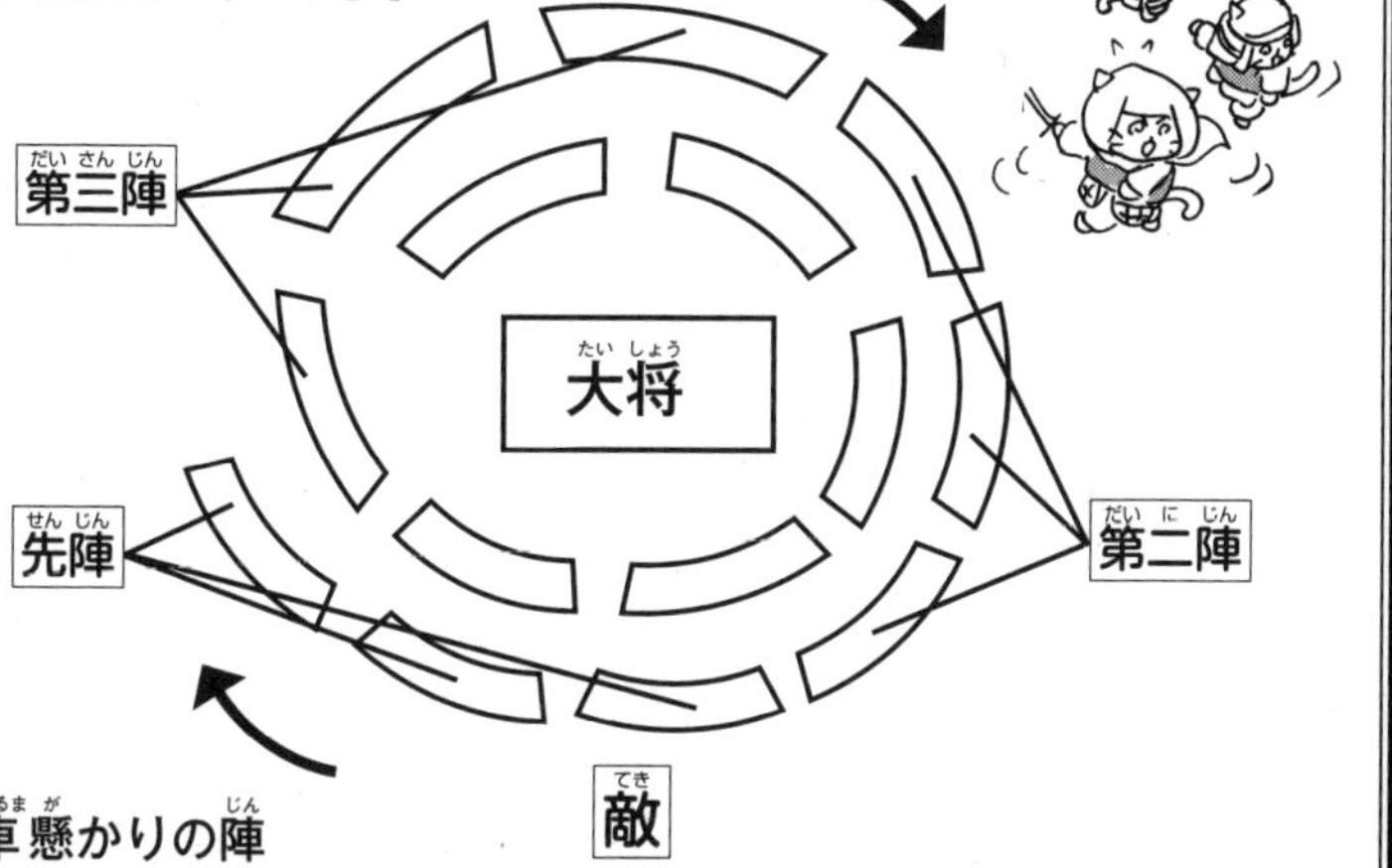

車懸《くるまが》かりの陣《じん》

車輪《しゃりん》のように陣《じん》を回転《かいてん》させ、常《つね》に新《あたら》しい兵《へい》が戦《たたか》う戦法《せんぽう》です。

年号《ねんごう》ゴロゴロ合《あ》わせ

1561年《ねん》 第四次川中島《だいよんじかわなかじま》の戦《たたか》いが起《お》きる

コラム

武田信玄《たけだしんげん》が塩不足《しおぶそく》で困《こま》っていた時《とき》に、上杉謙信《うえすぎけんしん》が「敵《てき》の弱《よわ》みにはつけこまない」と塩《しお》をプレゼントした、という伝説《でんせつ》があります。この話《はなし》が事実《じじつ》なのかは不明《ふめい》なのですが、ここから「敵《てき》に塩《しお》を送《おく》る」という言葉《ことば》が生《う》まれました。

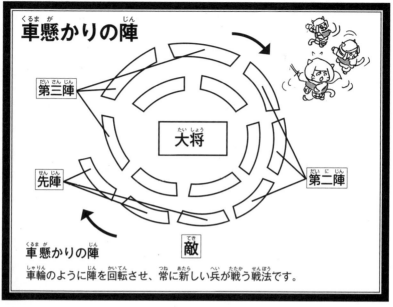

戦国武将《せんごくぶしょう》の戦《たたか》い

1553年《ねん》
第一次川中島《だいいちじかわなかじま》の戦《たたか》い
武田信玄《たけだしんげん》 VS 上杉謙信《うえすぎけんしん》

1555年《ねん》
厳島《いつくしま》の戦《たたか》い
毛利元就《もうりもとなり》 VS 陶晴賢《すえはるかた》

1560年《ねん》
桶狭間《おけはざま》の戦《たたか》い
織田信長《おだのぶなが》 VS 今川義元《いまがわよしもと》

1570年《ねん》
姉川《あねがわ》の戦《たたか》い
織田《おだ》・徳川《とくがわ》 VS 朝倉義景《あさくらよしかげ》・浅井長政《あざいながまさ》

1572年《ねん》
三方ヶ原《みかたがはら》の戦《たたか》い
武田信玄《たけだしんげん》 VS 徳川《とくがわ》・織田《おだ》

1575年《ねん》
長篠《ながしの》の戦《たたか》い
織田《おだ》・徳川《とくがわ》 VS 武田勝頼《たけだかつより》

1577年《ねん》
手取川《てどりがわ》の戦《たたか》い
上杉謙信《うえすぎけんしん》 VS 織田信長《おだのぶなが》

1578年《ねん》
耳川《みみかわ》の戦《たたか》い
島津義久《しまづよしひさ》 VS 大友宗麟《おおともそうりん》

1582年《ねん》
本能寺《ほんのうじ》の変《へん》
明智光秀《あけちみつひで》 VS 織田信長《おだのぶなが》

1582年《ねん》
山崎《やまざき》の戦《たたか》い
豊臣秀吉《とよとみひでよし》 VS 明智光秀《あけちみつひで》

1583年《ねん》
賤ヶ岳《しずがたけ》の戦《たたか》い
豊臣秀吉《とよとみひでよし》 VS 柴田勝家《しばたかついえ》

1584年《ねん》
小牧《こまき》・長久手《ながくて》の戦《たたか》い
豊臣秀吉《とよとみひでよし》 VS 織田信雄《おだのぶかつ》・徳川家康《とくがわいえやす》

1589年《ねん》
摺上原《すりあげはら》の戦《たたか》い
伊達政宗《だてまさむね》 VS 蘆名義広《あしなよしひろ》

1590年《ねん》
小田原攻《おだわらぜ》め
豊臣秀吉《とよとみひでよし》 VS 北条氏政《ほうじょううじまさ》・北条氏直《ほうじょううじなお》

戦国武将《せんごくぶしょう》の生没年《せいぼつねん》

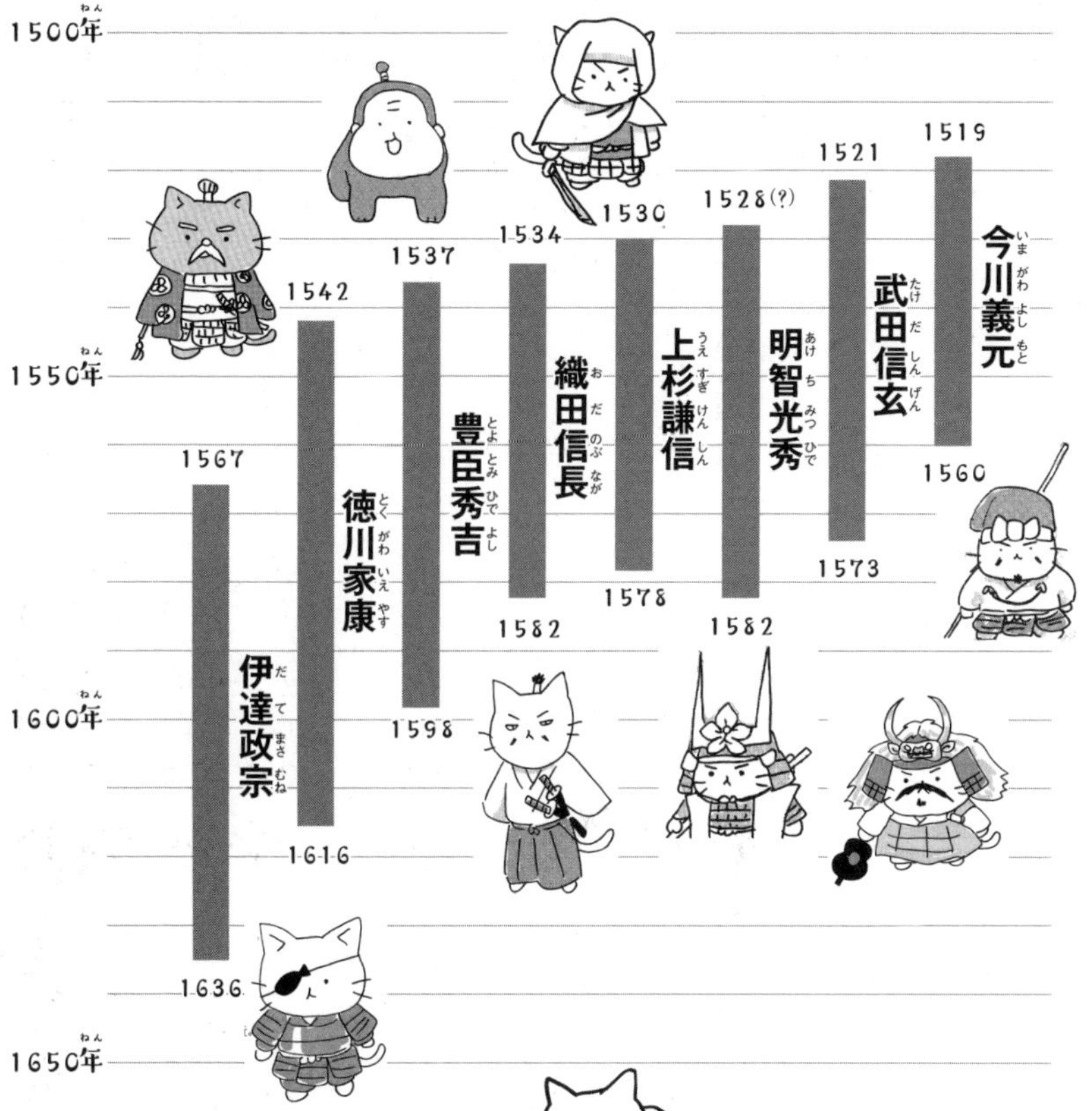

こんな武将《ぶしょう》もいたニャ〜

浅井長政《あざいながまさ》
1545〜1573

北近江《きたおうみ》の武将《ぶしょう》。織田《おだ》信長《のぶなが》の妹《いもうと》・お市《いち》を奥《おく》さんにして信長《のぶなが》と同《どう》盟《めい》を結《むす》びましたが、後《のち》に決裂《けつれつ》します。姉《あね》川《がわ》の戦《たたか》いで信長《のぶなが》に敗《やぶ》れた後《のち》、小谷城《おだにじょう》で自《じ》害《がい》しました。

朝倉義景《あさくらよしかげ》
1533〜1573

越前国《えちぜんのくに》の武将《ぶしょう》。織田《おだ》信長《のぶなが》と敵対《てきたい》し、浅井《あざい》長政《ながまさ》とともに姉川《あねがわ》の戦《たたか》いで敗《やぶ》れました。家臣《かしん》からの人望《じんぼう》を失《うしな》い、信長《のぶなが》から一乗谷《いちじょうだに》へ攻《せ》め込《こ》まれ、自害《じがい》しました。

戦国《せんごく》の世《よ》を駆《か》け抜《ぬ》けた偉大《いだい》なる武将《ぶしょう》

織《お》田《だ》信《のぶ》長《なが》

生没年《せいぼつねん》
【1534年《ねん》～
1582年《ねん》】

出身地《しゅっしんち》
【尾張国《おわりのくに》(愛知県西部《あいちけんせいぶ》)】

あだ名《な》
【大《おお》うつけ】

パラメータ

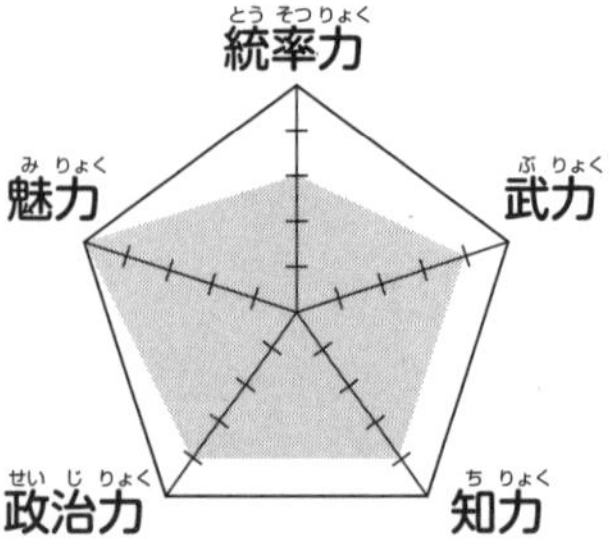

エピソード1

新《あたら》しいものが大好《だいす》きだった信長《のぶなが》は、合戦《かっせん》に大量《たいりょう》の鉄砲《てっぽう》を導入《どうにゅう》したことでも有名《ゆうめい》です。

エピソード2

信長《のぶなが》は派手《はで》なことが好《す》きだったようで、巨大《きょだい》な安土城《あづちじょう》をライトアップしたこともありました。

少年時代《しょうねんじだい》は暴《あば》れん坊《ぼう》だった!?

織田信長《おだのぶなが》は、尾張国《おわりのくに》（今《いま》の愛知県西部《あいちけんせいぶ》）の有力《ゆうりょく》な武将《ぶしょう》の家《いえ》の跡取《あとと》りとして生《う》まれました。ところが、若《わか》い頃《ころ》の信長《のぶなが》は、みんなから「若様《わかさま》」と呼《よ》ばれる身分《みぶん》だったのに、とてもやんちゃな暴《あば》れん坊《ぼう》でした。まわりの人《ひと》は信長《のぶなが》のことを陰《かげ》で「大《おお》うつけ（おろか者《もの》）」と呼《よ》んでいたようなのです。

袖《そで》を外《はず》して服《ふく》を着《き》て、帯《おび》の代《か》わりに縄《なわ》をしめ、鞍《くら》（乗馬《じょうば》のために馬《うま》の背《せ》に置《お》く道具《どうぐ》）もつけずに馬《うま》を乗《の》り回《まわ》したり、瓜《うり》や柿《かき》などをほおばるように食《た》べながら町中《まちなか》をウロウロしたりといった、ちょっと不審《ふしん》な行動《こうどう》をとる不良《ふりょう》っぽい少年《しょうねん》だったようです。

あまりのひどさに、信長《のぶなが》の教育係《きょういくがかり》だった武将《ぶしょう》が、切腹《せっぷく》して態度《たいど》を改《あらた》めさせようとした、という話《はなし》も伝《つた》わっているくらいです。

10倍《ばい》近《ちか》い敵《てき》を撃破《げきは》！

そんな信長《のぶなが》も、父《ちち》の死後《しご》、織田家《おだけ》の当主《とうしゅ》となると、やがて尾張国《おわりのくに》を統一《とういつ》に導《みちび》きます。徐々《じょじょ》に立派《りっぱ》な武将《ぶしょう》としての才能《さいのう》を発揮《はっき》しはじめるのです。

そんなある日《ひ》、駿河《するが》・遠江《とおとうみ》・三河国《みかわのくに》（今《いま》の静岡県《しずおかけん》から愛知県東部《あいちけんとうぶ》）の大大名《だいだいみょう》**今川義元《いまがわよしもと》**が織田家《おだけ》の領地《りょうち》に大軍団《だいぐんだん》で攻《せ》め込《こ》んできました。その数《かず》は2万《まん》とも2万《まん》5千《せん》ともい

われています。対《たい》する織田軍《おだぐん》はせいぜい3千《ぜん》しか兵《へい》はいませんでした。

しかし、信長《のぶなが》は敵《てき》の兵《へい》が油断《ゆだん》しているところをタイミングよく攻撃《こうげき》。突然《とつぜん》のゲリラ豪雨《ごうう》にも助《たす》けられ、見事《みごと》、今《いま》川軍《がわぐん》を撃破《げきは》したのです。この「**桶狭間《おけはざま》の戦《たたか》い**」と呼《よ》ばれる一戦《いっせん》で、織田信長《おだのぶなが》の名《な》は一《いち》躍日本中《やくにほんじゅう》に知《し》れわたることになりました。

天下《てんか》まであと一歩《いっぽ》のところで裏切《うらぎ》りに遭《あ》う

その後《ご》、信長《のぶなが》は数々《かずかず》の強敵《きょうてき》を倒《たお》し、徐々《じょじょ》にその支配地《しはいち》を広《ひろ》げていきます。また、琵《び》琶湖《わこ》のほとりに**安《あ》土城《づちじょう》**という巨大《きょだい》な城《しろ》を築《きず》き、強大《きょうだい》な権力《けんりょく》を誇《ほこ》るようになりました。やがて、最大《さいだい》の敵《てき》ともいえる武田家《たけだけ》をも破《やぶ》った信長《のぶなが》は、天《てん》下統一《かとういつ》にあと一歩《いっぽ》まで迫《せま》ったのです。

ところが、1582年《ねん》、京都本能寺《きょうとほんのうじ》で休《やす》んでいたところを、部下《ぶか》である**明智光秀《あけちみつひで》**に裏切《うらぎ》られて襲《おそ》われ、突然《とつぜん》この世《よ》を去《さ》ることになります。これを「**本能寺の変《ほんのうじのへん》**」といいます。本能寺《ほんのうじ》には火《ひ》がかけられ、信長《のぶなが》の遺《い》体《たい》は髪《かみ》の毛《け》一本《いっぽん》も残《のこ》らずに焼《や》けてしまったといわれています。

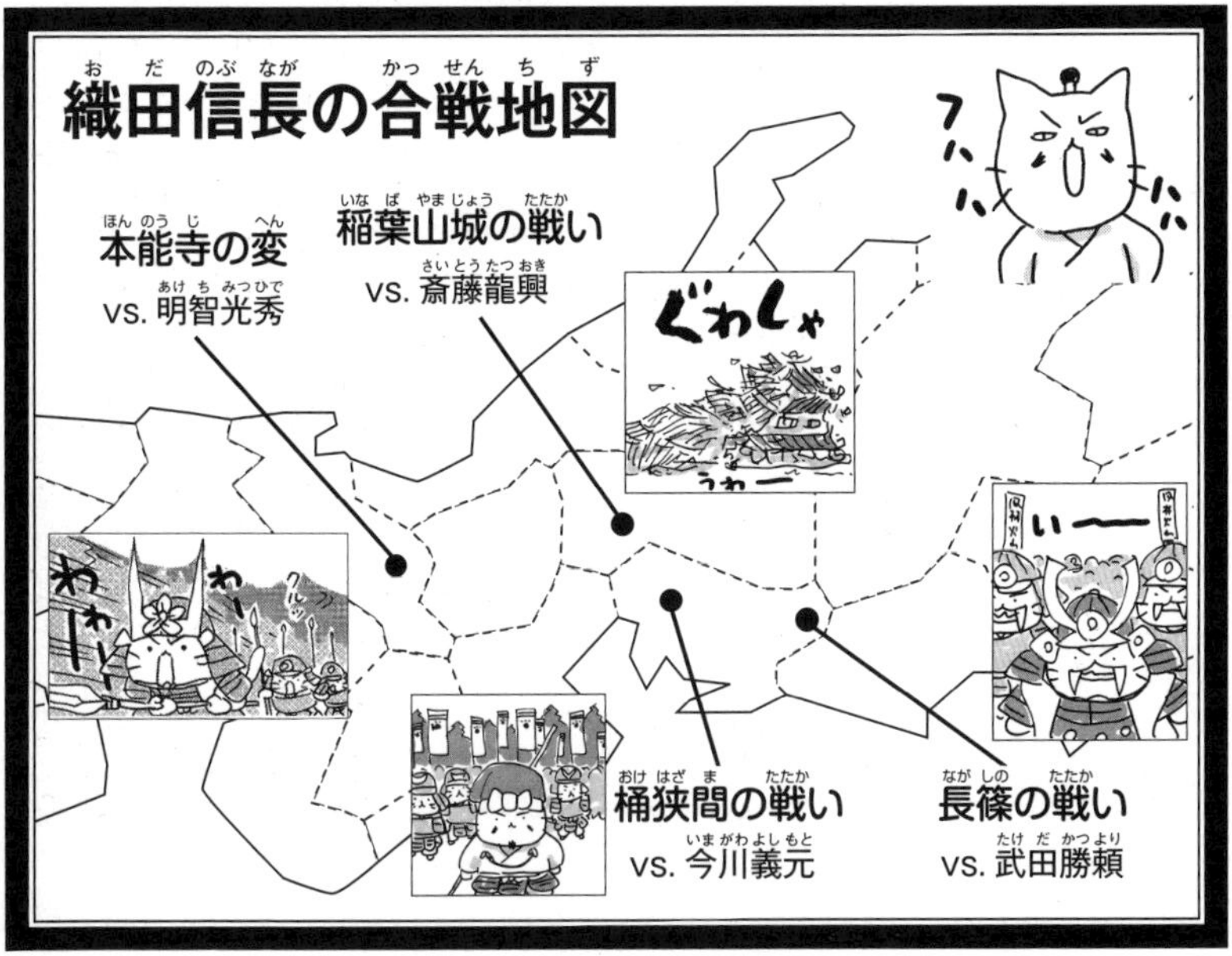

年号《ねんごう》ゴロゴロ
合《あ》わせ

1582年《ねん》 本能寺《ほんのうじ》の変《へん》で
織田信長《おだのぶなが》が亡《な》くなる

コラム

好奇心旺盛《こうきしんおうせい》だった信長《のぶなが》は、西洋人《せいようじん》とも積極的《せっきょくてき》に交流《こうりゅう》しました。望遠鏡《ぼうえんきょう》や地球儀《ちきゅうぎ》などの西洋文化《せいようぶんか》に関心《かんしん》が高《たか》かったほか、意外《いがい》にも甘《あま》いものが好《す》きだったようで、金平糖《こんぺいとう》など西洋《せいよう》のお菓子《かし》を好《この》んで食《た》べたといわれています。

天下統一《てんかとういつ》を果《は》たした太閤閣下《たいこうかっか》

豊臣《とよとみ》秀吉《ひでよし》

生没年《せいぼつねん》
【1537年《ねん》～
1598年《ねん》】
出身地《しゅっしんち》
【尾張国《おわりのくに》(愛知県西部《あいちけんせいぶ》)】
あだ名《な》
【猿《さる》】

パラメータ

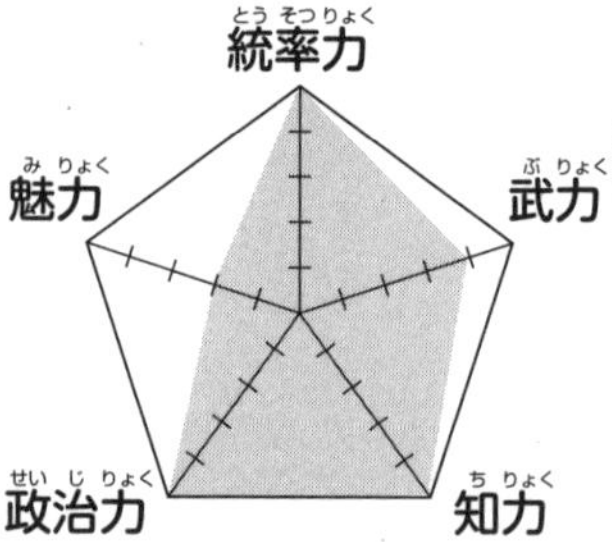

エピソード1

秀吉《ひでよし》は「猿《さる》」とか「小猿《こざる》」とか呼《よ》ばれていました。どうやら顔《かお》が猿《さる》に似《に》ていたようなのです。

エピソード2

秀吉《ひでよし》は金《きん》ピカなものが大《だい》好《す》きでした。壁《かべ》や道具《どうぐ》までも金《きん》でできた黄金《おうごん》の茶《ちゃ》室《しつ》もつくりました。

貧《まず》しかった子《こ》ども時代《じだい》

若《わか》い頃《ころ》の**秀吉**《ひでよし》に関《かん》しては、さまざまな伝《でん》説《せつ》が語《かた》られていますが、実際《じっさい》のところはわからないことも多《おお》いのです。ただ、かなり貧《まず》しい家庭《かてい》に生《う》まれたというのは事実《じじつ》のようです。しかも、お父《とう》さんは子《こ》どもの頃《ころ》に亡《な》くなり、お母《かあ》さんが再婚《さいこん》した義理《ぎり》の父《ちち》とは仲《なか》が悪《わる》く、十代《じゅうだい》で家《いえ》を出《で》て働《はたら》くことになりました。

それからの秀吉《ひでよし》は、針《はり》を売《う》って歩《ある》いたり、武士《ぶし》の家《いえ》で雑用《ざつよう》をしたりして過《す》ごし、やがて、**織田信長**《おだのぶなが》に仕《つか》える機会《きかい》を得《え》ます。ここで秀吉《ひでよし》はめきめきと力《ちから》を発揮《はっき》します。戦《いくさ》でも手柄《てがら》を立《た》てたので、徐々《じょじょ》に部下《ぶか》も増《ふ》え、信長《のぶなが》が天下《てんか》を狙《ねら》う頃《ころ》には、信長《のぶなが》の部下《ぶか》の中《なか》でもかなり偉《えら》いほうになっていました。

信長《のぶなが》の仇《かたき》をとって天下統一《てんかとういつ》へ

本能寺《ほんのうじ》で主君《しゅくん》・信長《のぶなが》が亡《な》くなった時《とき》、秀《ひで》吉《よし》は、備中国《びっちゅうのくに》（今《いま》の岡山県西部《おかやまけんせいぶ》）で敵《てき》と戦《たたか》っていました。

しかし、信長《のぶなが》の死《し》を知《し》ると、すぐに戦《たたか》いを終《お》わらせ、大急《おおいそ》ぎで京《きょう》へと戻《もど》ります。信長《のぶなが》を討《う》った**明智光秀**《あけちみつひで》を倒《たお》すためです。

大勢《おおぜい》の軍隊《ぐんたい》を率《ひき》いた秀吉《ひでよし》は、岡山《おかやま》から京《きょう》都《と》までわずか7日間《かかん》で到着《とうちゃく》しました。新幹《しんかん》線《せん》もなく、道《みち》も整備《せいび》されていなかった当時《とうじ》としては信《しん》じられないような速《はや》さでした。

こうして誰《だれ》よりも早《はや》く信長《のぶなが》の仇《かたき》を討《う》つことに成功《せいこう》した秀吉《ひでよし》は、やがて反対派《はんたいは》も蹴散《けち》らし、織田信長《おだのぶなが》の後継者《こうけいしゃ》となりました。その後《ご》、上杉謙信《うえすぎけんしん》の跡《あと》を継《つ》いだ**上杉景勝**《うえすぎかげかつ》や**徳川家康**《とくがわいえやす》らも秀吉《ひでよし》の部下《ぶか》となり、九州《きゅうしゅう》や関東《かんとう》地方《ちほう》なども制圧《せいあつ》した秀吉《ひでよし》は、ついに天下統一《てんかとういつ》を成功《せいこう》させたのです。

朝鮮出兵《ちょうせんしゅっぺい》と天下人《てんかびと》の死《し》

また、秀吉《ひでよし》は天皇《てんのう》から関白《かんぱく》の位《くらい》も与《あた》えられました。かつて藤原氏《ふじわらし》が独占《どくせん》していた、朝廷《ちょうてい》における最高《さいこう》の位《くらい》ですね。

国内《こくない》を統一《とういつ》した秀吉《ひでよし》は、今度《こんど》は、海外《かいがい》へと目《め》を向《む》けます。朝鮮半島《ちょうせんはんとう》から中国《ちゅうごく》へと進出《しんしゅつ》していこうとするのです。二度《にど》にわたる**朝鮮出兵**《ちょうせんしゅっぺい》の当初《とうしょ》は、破竹《はちく》の勢《いきお》いで進《すす》んでいた日本軍《にっぽんぐん》ですが、慣《な》れない外国《がいこく》での戦《たたか》いで徐々《じょじょ》に兵士《へいし》たちの間《あいだ》に疲《つか》れが見《み》えてきます。

その二度目《にどめ》の戦《たたか》いの最中《さいちゅう》、秀吉《ひでよし》は病《やまい》でこの世《よ》を去《さ》ります。これにより、ようやく朝鮮《ちょうせん》での戦《たたか》いは終《お》わりになりました。亡《な》くなる直前《ちょくぜん》の秀吉《ひでよし》は、まだ5歳《さい》の息子《むすこ》・**秀頼**《ひでより》のことばかり気《き》にしていたそうです。

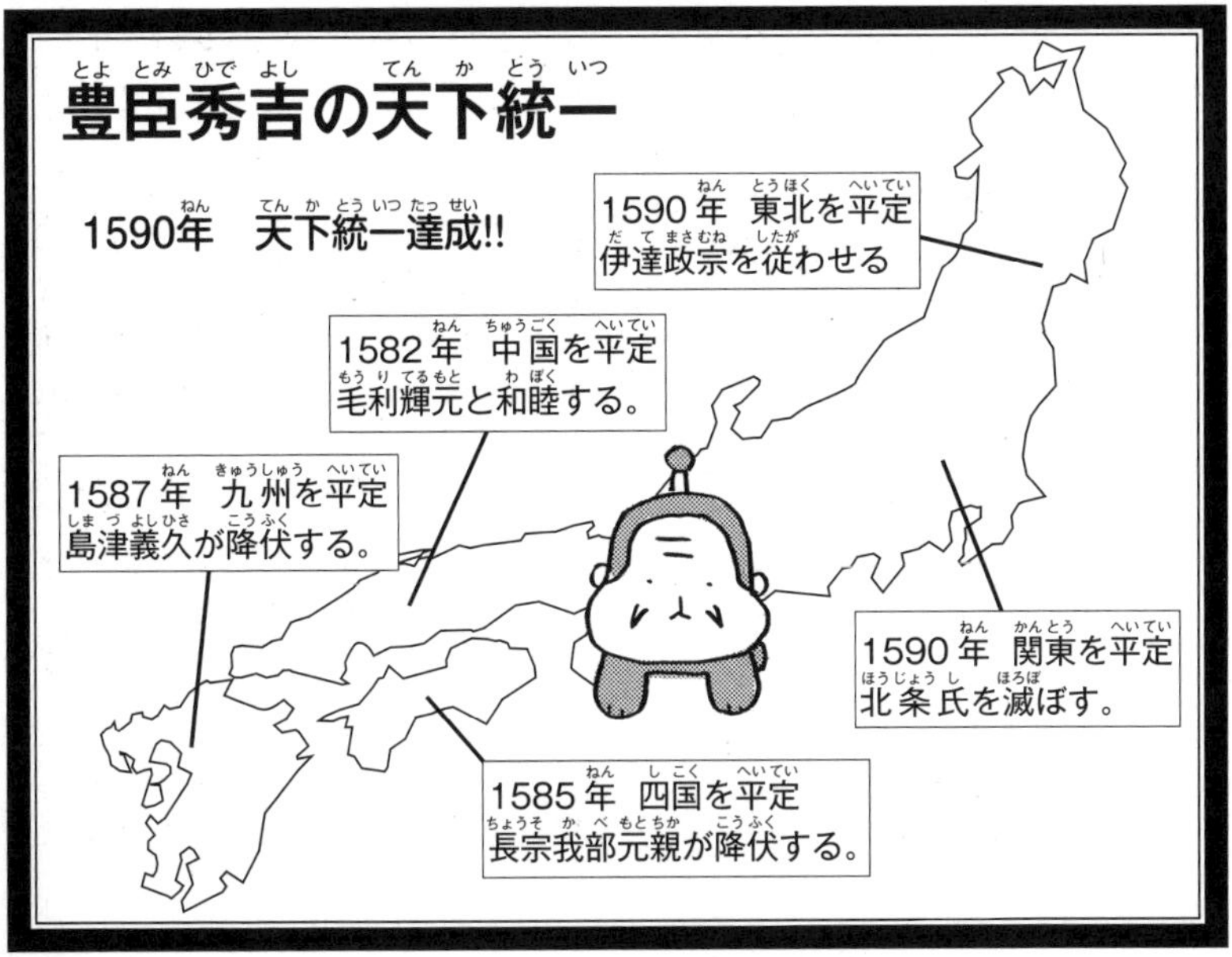

年号《ねんごう》ゴロゴロ合《あ》わせ

1590年 豊臣秀吉《とよとみひでよし》が天下統一《てんかとういつ》を達成《たっせい》する

コラム

若《わか》い頃《ころ》の秀吉《ひでよし》は、寒《さむ》い日《ひ》に信長《のぶなが》の草履《ぞうり》を胸元《むなもと》で温《あたた》めるといったおもてなしの心《こころ》が気《き》に入《い》られ、出世《しゅっせ》を果《は》たしたといわれています。どうやらつくり話《ばなし》のようなのですが、それくらい秀吉《ひでよし》は人《ひと》の心《こころ》をつかむのが上手《じょうず》だったようです。

「独眼竜《どくがんりゅう》」と呼《よ》ばれた戦国大名《せんごくだいみょう》

伊《だ》達《て》政《まさ》宗《むね》

生没年《せいぼつねん》
【1567年《ねん》〜
1636年《ねん》】
出身地《しゅっしんち》
【出羽国《でわのくに》(秋田県《あきたけん》・山形県《やまがたけん》)】
あだ名《な》
【独眼竜《どくがんりゅう》】

パラメータ

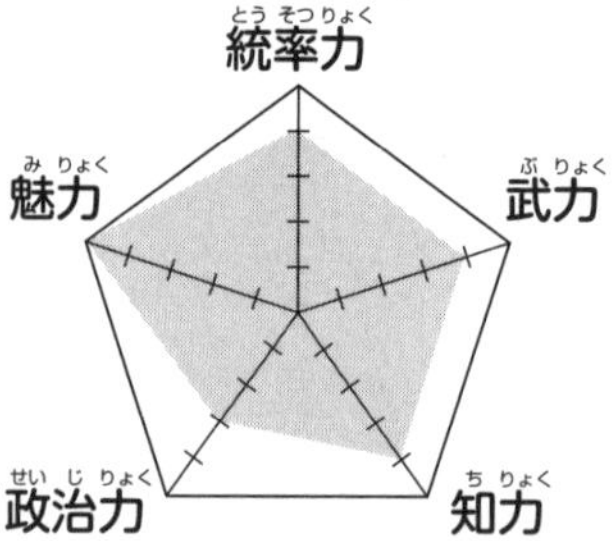

エピソード1

早《はや》く生《う》まれていれば天下《てんか》をとれたという意味《いみ》で「遅《おく》れてきた戦国大名《せんごくだいみょう》」と呼《よ》ぶ人もいます。

エピソード2

和歌《わか》や漢詩《かんし》、茶道《さどう》、書道《しょどう》なども得意《とくい》で、見事《みごと》な筆《ふで》さばきで書《か》かれた和歌《わか》なども残《のこ》っています。

東北《とうほく》で活躍《かつやく》した若《わか》き武将《ぶしょう》

伊達政宗《だてまさむね》は、今《いま》の山形県米沢市《やまがたけんよねざわし》にあった米沢城《よねざわじょう》の城主《じょうしゅ》・**伊達輝宗《だててるむね》**の長男《ちょうなん》として生《う》まれました。将来《しょうらい》を期待《きたい》された政宗《まさむね》でしたが、幼《おさな》い頃《ころ》、病気《びょうき》にかかり右目《みぎめ》の視力《しりょく》を失《うしな》ってしまいます。さすがの政宗《まさむね》も、一時《いちじ》は落《お》ち込《こ》んだ時期《じき》もあったようですが、部下《ぶか》などの励《はげ》ましにより、やがて力強《ちからづよ》く成長《せいちょう》します。

5歳のときに病気で片目を失い…
はずしっ

お父《とう》さんから譲《ゆず》られて伊達家《だてけ》の当主《しゅ》となったのは17歳《さい》の時《とき》でした。その後《ご》、政宗《まさむね》は、いくつもの戦《たたか》いに勝利《しょうり》をして領土《りょうど》を拡大《かくだい》。南東北《みなみとうほく》のほとんどを制覇《せいは》しました。

しかし、その頃《ころ》、**豊臣秀吉《とよとみひでよし》**は、関東《かんとう》よりも西《にし》の地域《ちいき》をすべて治《おさ》め、天下統一《てんかとういつ》を目前《もくぜん》にしていました。当時《とうじ》、まだ20代前半《だいぜんはん》だった政宗《まさむね》は、生《う》まれてくるのが遅《おそ》すぎたのかもしれませんね。

実《じつ》の母《はは》に殺《ころ》されかけた政宗《まさむね》

1590年《ねん》、秀吉《ひでよし》は関東《かんとう》に出兵《しゅっぺい》し、伊達《だて》政宗《まさむね》にも戦《たたか》いに参加《さんか》するように要求《ようきゅう》します。この戦《たたか》いで関東《かんとう》を治《おさ》めていた北条氏《ほうじょうし》を倒《たお》し、東北《とうほく》で力《ちから》を持《も》っていた伊達政宗《だてまさむね》らを子分《こぶん》にすれば、秀吉《ひでよし》の天下統一《てんかとういつ》は実現《じつげん》するのです。

やがて、伊達政宗《だてまさむね》は、天下人《てんかびと》の秀吉《ひでよし》に仕《つか》えることを決《き》め、秀吉《ひでよし》の待《ま》つ小田原《おだわら》の地《ち》へと向《む》かいます。しかし、その時《とき》、なんと実《じつ》

かくなる上は
政宗を呼びつけて
この毒ミルクで殺し…
政宗の母
義姫《よしひめ》
ヒソ
ヒソ
弟の小次郎《こじろう》に家督《かとく》を
継がせるのニャ!

の母親《ははおや》が政宗《まさむね》に毒《どく》を飲《の》ませるという大事件《だいじけん》が起《お》きます。可愛《かわい》がっていた弟《おとうと》のほうを当主《とうしゅ》にしようとしたからとか、実家《じっか》に冷《つめ》たかった政宗《まさむね》を嫌《きら》っていたとかいろいろな説《せつ》はあるのですが、本当《ほんとう》の理由《りゆう》はよくわかっていません。

政宗《まさむね》の病《やまい》を見舞《みま》った人《ひと》とは?

しかし、政宗《まさむね》は辛《かろ》うじて一命《いちめい》を取《と》り留《と》めます。ただ、秀吉《ひでよし》のもとに行《い》くのがとても遅《おそ》くなってしまったので、これでは命令《めいれい》を無視《むし》したとして殺《ころ》されてしまうかもしれません。そこで政宗《まさむね》は切腹《せっぷく》の時《とき》などに着《き》る白《しろ》い着物《きもの》を身《み》に着《つ》けて秀吉《ひでよし》の前《まえ》に現《あらわ》れます。「覚《かく》悟《ご》はできています」というパフォーマンスだったのでしょう。その姿《すがた》を見《み》て秀吉《ひでよし》も政宗《まさむね》を許《ゆる》します。

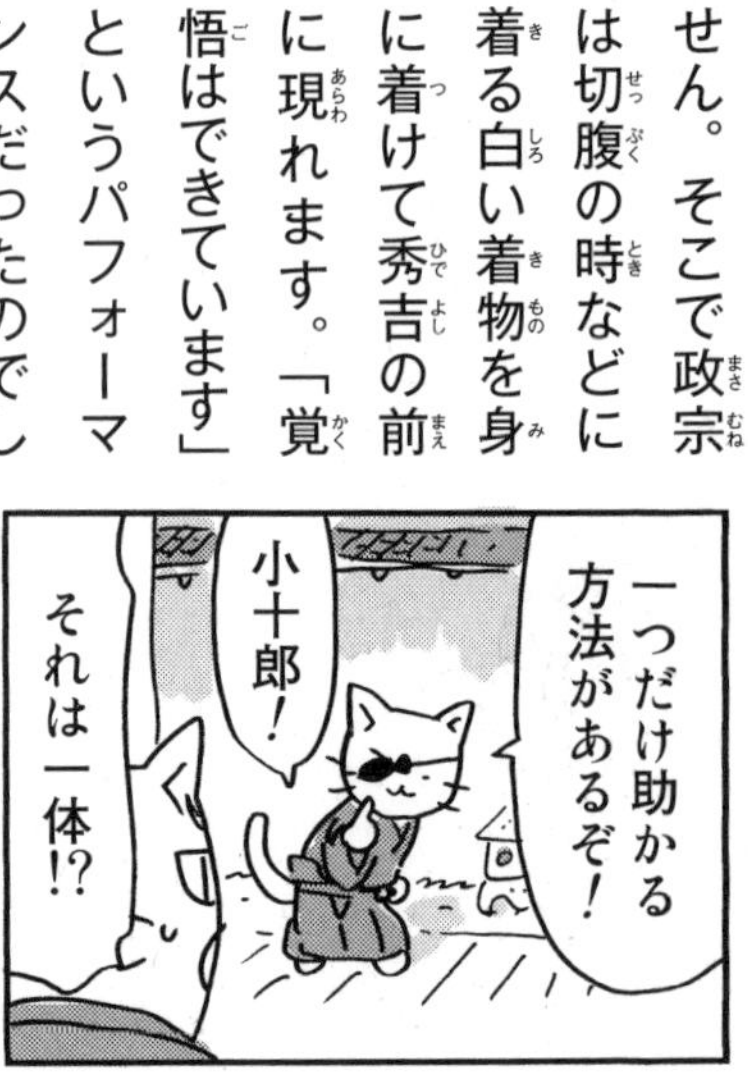
一つだけ助かる
方法があるぞ!
小十郎!
それは一体!?

その後《ご》、伊達政宗《だてまさむね》は領地《りょうち》を減《へ》らされはしましたが、東北《とうほく》の大大名《だいだいみょう》として生《い》き抜《ぬ》き、**徳川家康《とくがわいえやす》**、**秀忠《ひでただ》**、**家光《いえみつ》**という江戸幕府《えどばくふ》3代《だい》の将軍《しょうぐん》に仕《つか》えるようになります。

やがて年老《としお》いて病気《びょうき》となった政宗《まさむね》のもとを将軍家光《しょうぐんいえみつ》がわざわざお見舞《みま》いに来《く》るほど、徳川家《とくがわけ》にとって大事《だいじ》な大名《だいみょう》となるのです。

『伊達者《だてもの》』の由来《ゆらい》

人目《ひとめ》に付《つ》くお洒落《しゃれ》な人《ひと》のことを「伊達者《だてもの》」といいます。この言葉《ことば》の由来《ゆらい》は、「伊達政宗《だてまさむね》」から来《き》ているともいいます。派手《はで》な格好《かっこう》をして、人《ひと》をよく驚《おどろ》かせていたのですね。

年号《ねんごう》ゴロゴロ合《あ》わせ

1589年《ねん》摺上原《すりあげはら》の戦《たたか》いで伊達政宗《だてまさむね》が勝利《しょうり》する

コラム

お母《かあ》さんに毒殺《どくさつ》されかけたというのはつくり話《ばなし》だという説《せつ》もあります。秀吉《ひでよし》のもとへ行《い》くのが遅《おく》れたことの言《い》い訳《わけ》として、この事件《じけん》をでっち上《あ》げたというのです。事実《じじつ》、事件後《じけんご》も政宗《まさむね》とお母《かあ》さんの仲《なか》は悪《わる》くなかったといいます。

天下泰平《てんかたいへい》の世《よ》をもたらした戦国武将《せんごくぶしょう》

徳《とく》川《がわ》家《いえ》康《やす》

生没年《せいぼつねん》

【1542年《ねん》～1616年《ねん》】

出身地《しゅっしんち》

【三河国《みかわのくに》(愛知県東部《あいちけんとうぶ》)】

身分《みぶん》

【江戸幕府初代将軍《えどばくふしょだいしょうぐん》】

パラメータ

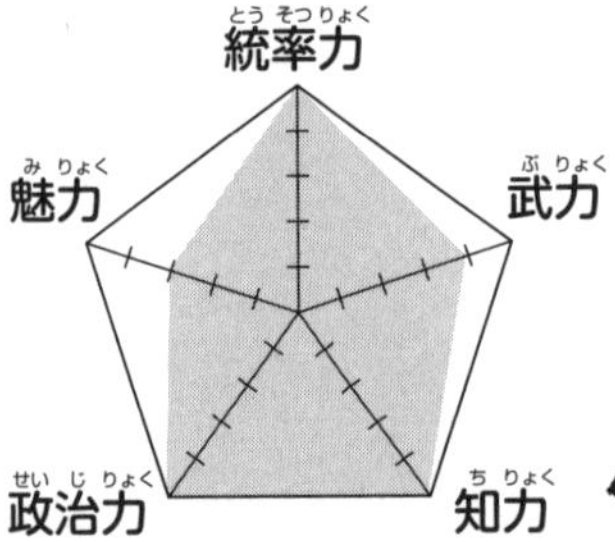

エピソード1

家康《いえやす》は「健康《けんこう》オタク」でした。薬草《やくそう》を集《あつ》めたり、調合《ちょうごう》したりするのが得意《とくい》だったようです。

エピソード2

武田信玄《たけだしんげん》との戦《たたか》いに敗《やぶ》れた時《とき》、恐怖《きょうふ》でウンチを漏《も》らしちゃったという話《はなし》も伝《つた》わっています。

家康《いえやす》は、じっと我慢《がまん》の人《ひと》？

徳川家康《とくがわいえやす》には、「我慢《がまん》の人《ひと》」「忍耐《にんたい》の人《ひと》」というイメージがあります。幼《おさな》い頃《ころ》から人《ひと》質《じち》という生活《せいかつ》が長《なが》く続《つづ》いていましたし、その後《ご》は、**信長《のぶなが》**や**秀吉《ひでよし》**の天下《てんか》を脇《わき》で支《ささ》えるような役割《やくわり》を果《は》たしてきたからです。

そして、その間《あいだ》に力《ちから》をためた家康《いえやす》が、ようやく**征夷大将軍《せいいたいしょうぐん》**として天下《てんか》を治《おさ》めるようになったのは61歳《さい》の時《とき》。当時《とうじ》としては結構《けっこう》な高齢《こうれい》でしたから、やはり「我慢《がまん》の人《ひと》」といってもよいのかもしれません。

そうはいっても、ただじっと我慢《がまん》していたわけではありません。数々《かずかず》の戦《いくさ》に出陣《しゅつじん》し、その強《つよ》さは信長《のぶなが》や秀吉《ひでよし》以上《いじょう》だという人《ひと》もいるくらいなのです。

天下分《てんかわ》け目《め》の戦《たたか》いを制《せい》した家康《いえやす》

家康《いえやす》が天下《てんか》取《と》りに動《うご》いたのは、豊臣秀吉《とよとみひでよし》が亡《な》くなってからのことです。すると、徐々《じょじょ》に力《ちから》をつけてきた家康《いえやす》と、秀吉《ひでよし》の遺言《ゆいごん》を守《まも》り、その子《こ》・**秀頼《ひでより》**を中心《ちゅうしん》とした政治《せいじ》を続《つづ》けていこうとする**石田三成《いしだみつなり》**などの武将《ぶしょう》たちが対立《たいりつ》するようになりました。

1600年《ねん》、家《いえ》

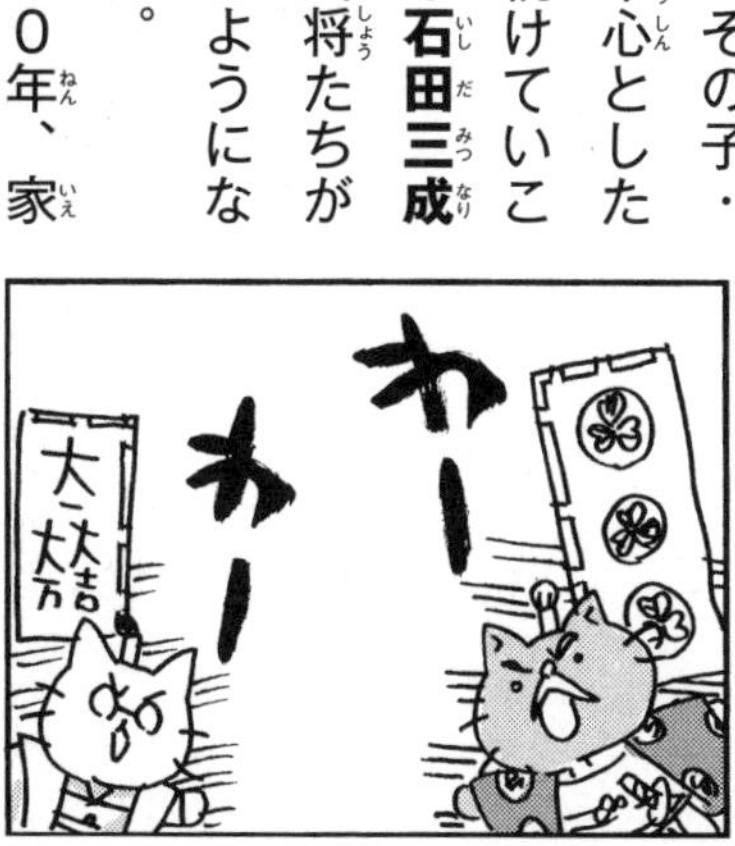

康《やす》が東北《とうほく》へと戦《いくさ》に出《で》かけたすきに、石田三成《いしだみつなり》らは兵《へい》を起《お》こします。世《よ》の武将《ぶしょう》たちは、徳川家康《とくがわいえやす》に味方《みかた》する東軍《とうぐん》と石田三成《いしだみつなり》が率《ひき》いる西軍《せいぐん》とに分《わ》かれ、大《おお》きな戦《たたか》いが行《おこな》われました。「**関《せき》ケ《が》原《はら》の戦《たたか》い**」です。
激戦《げきせん》の結果《けっか》、徳川家康《とくがわいえやす》率《ひき》いる東軍《とうぐん》が勝利《しょうり》をおさめます。大勝《たいしょう》した家康《いえやす》は、その3年《ねん》後《ご》に征夷大将軍《せいいたいしょうぐん》となり、**江戸幕府**《えどばくふ》を開《ひら》くことになるのです。

戦《いくさ》を制《せい》して天下泰平《てんかたいへい》の世《よ》を築《きず》く

江戸幕府《えどばくふ》ができたとはいえ、まだ秀吉《ひでよし》の子《こ》・豊臣秀頼《とよとみひでより》は健在《けんざい》でしたし、それに味方《みかた》する武将《ぶしょう》たちもいました。そこで家康《いえやす》は、秀頼《ひでより》らを挑発《ちょうはつ》することにします。彼《かれ》らのやることにいちゃもんをつけるなどして戦《いくさ》を起こしたのです。「**大坂《おおさか》の陣《じん》**」と呼《よ》ばれる戦《たたか》いです。

2度《ど》にわたる戦《たたか》いは、家康側《いえやすがわ》の勝利《しょうり》に終《お》わり、豊臣《とよとみ》秀頼《ひでより》は命《いのち》を落《お》とします。こうして名実《めいじつ》ともに天下《てんか》を治《おさ》めることになった家康《いえやす》は、後《あと》のことを息子《むすこ》や家臣《かしん》たちに託《たく》し、大坂《おおさか》の陣《じん》の終《お》わった翌年《よくねん》、静《しず》かに息《いき》を引《ひ》き取《と》ります。

戦《いくさ》に明《あ》け暮《く》れたという印象《いんしょう》のある家康《いえやす》の生涯《しょうがい》でしたが、彼《かれ》の死後《しご》は、苦心《くしん》して彼《かれ》が築《きず》いた江戸幕府《えどばくふ》によって、戦《いくさ》のない天下泰平《てんかたいへい》の世《よ》が長《なが》く続《つづ》くことになるのです。

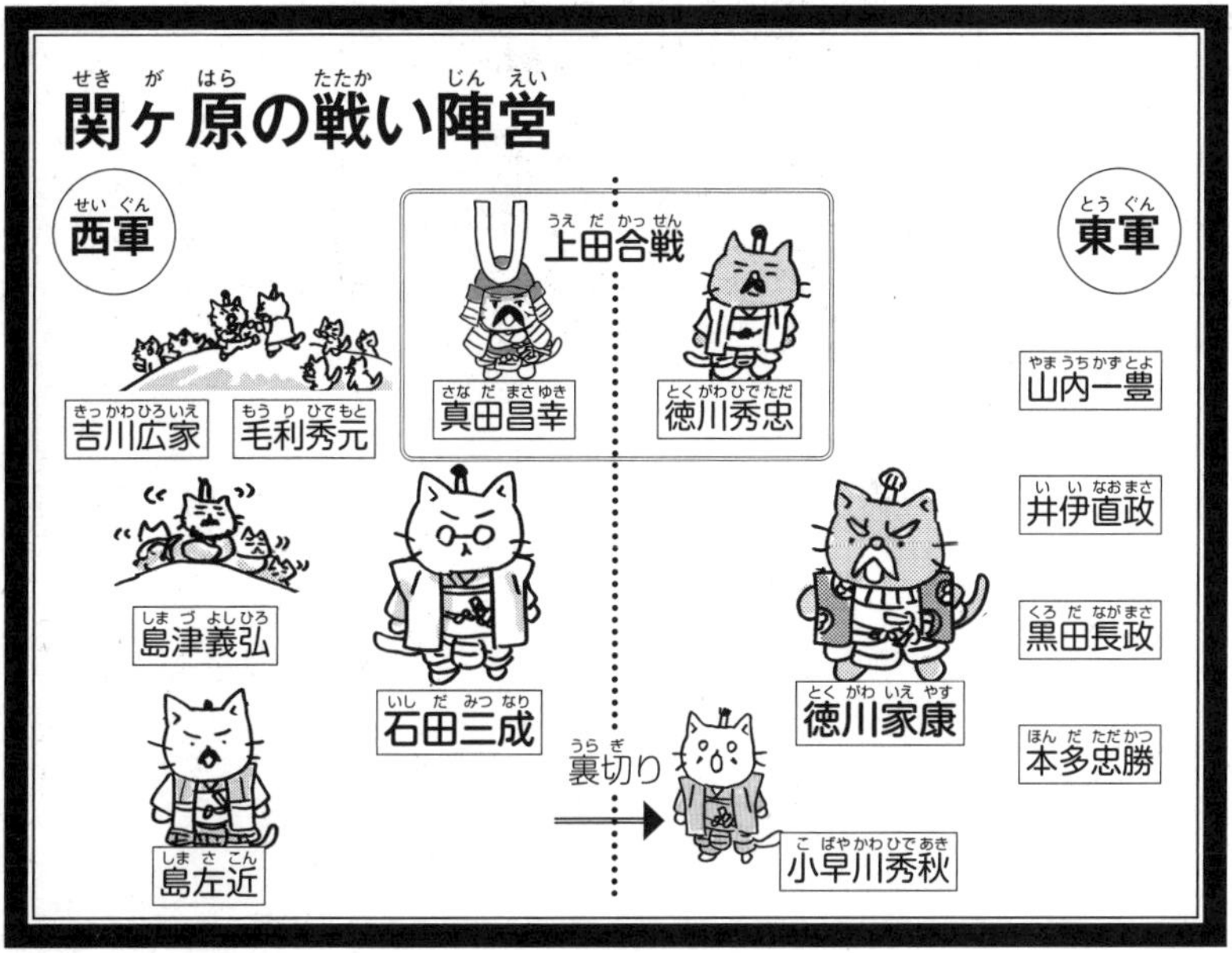

年号《ねんごう》ゴロゴロ合《あ》わせ

1600年《ねん》関《せき》ヶ《が》原《はら》の戦《たたか》いで東《とう》軍《ぐん》が勝利《しょうり》する

コラム

家康《いえやす》は、泣《な》く泣《な》く自分《じぶん》の妻《つま》と子《こ》どもを殺害《さつがい》したことがありました。奥《おく》さんと子《こ》どもが、ライバルである武田《たけだ》家《け》と内緒《ないしょ》でつながっている疑《うたが》いがあるとして、織田信《おだのぶ》長《なが》に殺害《さつがい》を命《めい》じられたからだといわれています。

日本一《ひのもといち》の兵《つわもの》といわれた武将《ぶしょう》

真《さな》田《だ》幸《ゆき》村《むら》

生没年《せいぼつねん》
【1567年《ねん》～1615年《ねん》】

父親《ちちおや》
【真《さな》田《だ》昌《まさ》幸《ゆき》】

褒《ほ》め言葉《ことば》
【日本一《ひのもといち》の兵《つわもの》】

パラメータ

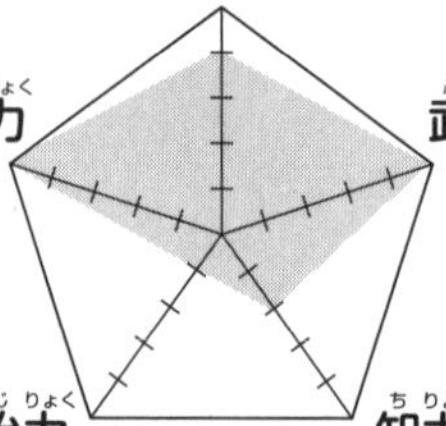

エピソード1

真田幸村《さなだゆきむら》の本当《ほんとう》の名前《なまえ》は「信繁《のぶしげ》」です。「幸村《ゆきむら》」は後《のち》の世《よ》につけられた名前《なまえ》だといわれています。

エピソード2

大坂《おおさか》の陣《じん》での戦《たたか》いぶりが立派《りっぱ》だったことから、「日本一《ひのもといち》の兵《つわもの》」といって褒《ほ》める人《ひと》もいました。

甲斐国《かいのくに》で生《う》まれ育《そだ》った幸村《ゆきむら》

真田家《さなだけ》は、信濃国《しなののくに》（今《いま》の長野県《ながのけん》）に勢力《せいりょく》を持《も》っていた一族《いちぞく》です。**幸村《ゆきむら》**の父《ちち》・**昌幸《まさゆき》**は、幼《おさな》い頃《ころ》から武田家《たけだけ》の人質《ひとじち》となっていたのですが、やがて**信玄《しんげん》**から信頼《しんらい》され、武田家《たけだけ》の武将《ぶしょう》として信玄《しんげん》の住《す》む甲斐国《かいのくに》で暮《く》らすようになります。こうして真田《さなだ》幸村《ゆきむら》や兄《あに》・**信幸《のぶゆき》**は、武田家《たけだけ》の領地《りょうち》で生《う》まれ育《そだ》つことになったのです。

ニャー
ニャー
ニャー
ちょい
ちょい
ちょい

1582年《ねん》、織《お》田《だ》信長《のぶなが》によって武田家《たけだけ》が滅《ほろ》ぼされると、幸村《ゆきむら》や兄《あに》の信《のぶ》幸《ゆき》は、真田家《さなだけ》の当《とう》主《しゅ》となって一足先《ひとあしさき》に信濃《しなの》へ戻《もど》っていたお父《とう》さんのもとへ帰ります。武田《たけだ》という後《うし》ろ盾《だて》を失《うしな》った真田家《さなだけ》は、その後《ご》、徳川《とくがわ》や上杉《うえすぎ》などの大名《だいみょう》と争《あらそ》ったり、手《て》を組《く》んだりしながら戦国《せんごく》の世《よ》を懸命《けんめい》に生《い》きていきます。

肉親《にくしん》が分《わ》かれて戦《たたか》った!?

やがて、**関《せき》ケ《が》原《はら》の戦《たたか》い**が目前《もくぜん》に迫《せま》ると、真田家《さなだけ》の人々《ひとびと》は、東西《とうざい》どちらの味方《みかた》になるかで大《おお》いにもめることになります。

結果《けっか》、父《ちち》・昌幸《まさゆき》と幸村《ゆきむら》は**石田三成《いしだみつなり》**率《ひき》いる西軍《せいぐん》に、兄《あに》の信幸《のぶゆき》は**徳川家康《とくがわいえやす》**率《ひき》いる東軍《とうぐん》に味方《みかた》することになります。

兄は東軍へ
幸村と父は
西軍へ
西

親子《おやこ》、兄弟《きょうだい》が敵味方《てきみかた》に分《わ》かれて戦《たたか》うことになったのです。

幸村《ゆきむら》たちは関ケ原《せきがはら》で行《おこな》われた戦《たたか》いには参《さん》加しませんでしたが、信濃国《しなののくに》で家康《いえやす》の子《こ》で後《のち》に2代将軍《だいしょうぐん》となる**徳川秀忠**《とくがわひでただ》と戦《たたか》い、大《おお》いに相手《あいて》を苦《くる》しめる大活躍《だいかつやく》をしました。

しかし、関ケ原《せきがはら》の戦《たたか》い自体《じたい》は東軍《とうぐん》の勝利《しょうり》に終《お》わったので、敗《やぶ》れた昌幸《まさゆき》・幸村親子《ゆきむらおやこ》は、和歌山県北部《わかやまけんほくぶ》にある九度山《くどやま》というところに流《なが》され、後《のち》に昌幸《まさゆき》はその地《ち》で亡《な》くなります。

大坂《おおさか》の陣《じん》で見《み》せた決死《けっし》の猛攻撃《もうこうげき》

1614年《ねん》、徳川家《とくがわけ》と豊臣家《とよとみけ》の最終決戦《さいしゅうけっせん》が迫《せま》ると、真田幸村《さなだゆきむら》はこっそりと九度山《くどやま》を抜《ぬ》け出《だ》し、豊臣家《とよとみけ》に味方《みかた》するため大坂城《おおさかじょう》に入《はい》ります。そして、**大坂冬の陣**《おおさかふゆのじん》がはじまると、幸村《ゆきむら》は「**真田丸**《さなだまる》」という小《ちい》さな要塞《ようさい》を作《つく》り大活躍《だいかつやく》。徳川方《とくがわがた》の兵《へい》をたくさん討《う》ち取《と》ります。

その後《ご》、一旦戦《いったんいくさ》は中断《ちゅうだん》するのですが、翌年《よくねん》、今度《こんど》は**大坂夏の陣**《おおさかなつのじん》がはじまります。この戦《たたか》いでも幸村《ゆきむら》は大活躍《だいかつやく》しますが、数《かず》で劣《おと》る豊臣方《とよとみがた》は次第《しだい》に不利《ふり》な状況《じょうきょう》に陥《おちい》ります。

そこで幸村《ゆきむら》は最後《さいご》の望《のぞ》みをかけ、徳川家《とくがわいえ》康《やす》の首《くび》をとろうと、猛攻撃《もうこうげき》をかけます。その猛烈《もうれつ》な勢《いきお》いに、さすがの家康《いえやす》も一時《いちじ》切腹《せっぷく》を覚悟《かくご》したといいますが、あと一歩及《いっぽおよ》ばず、幸村《ゆきむら》は戦死《せんし》してしまったのです。

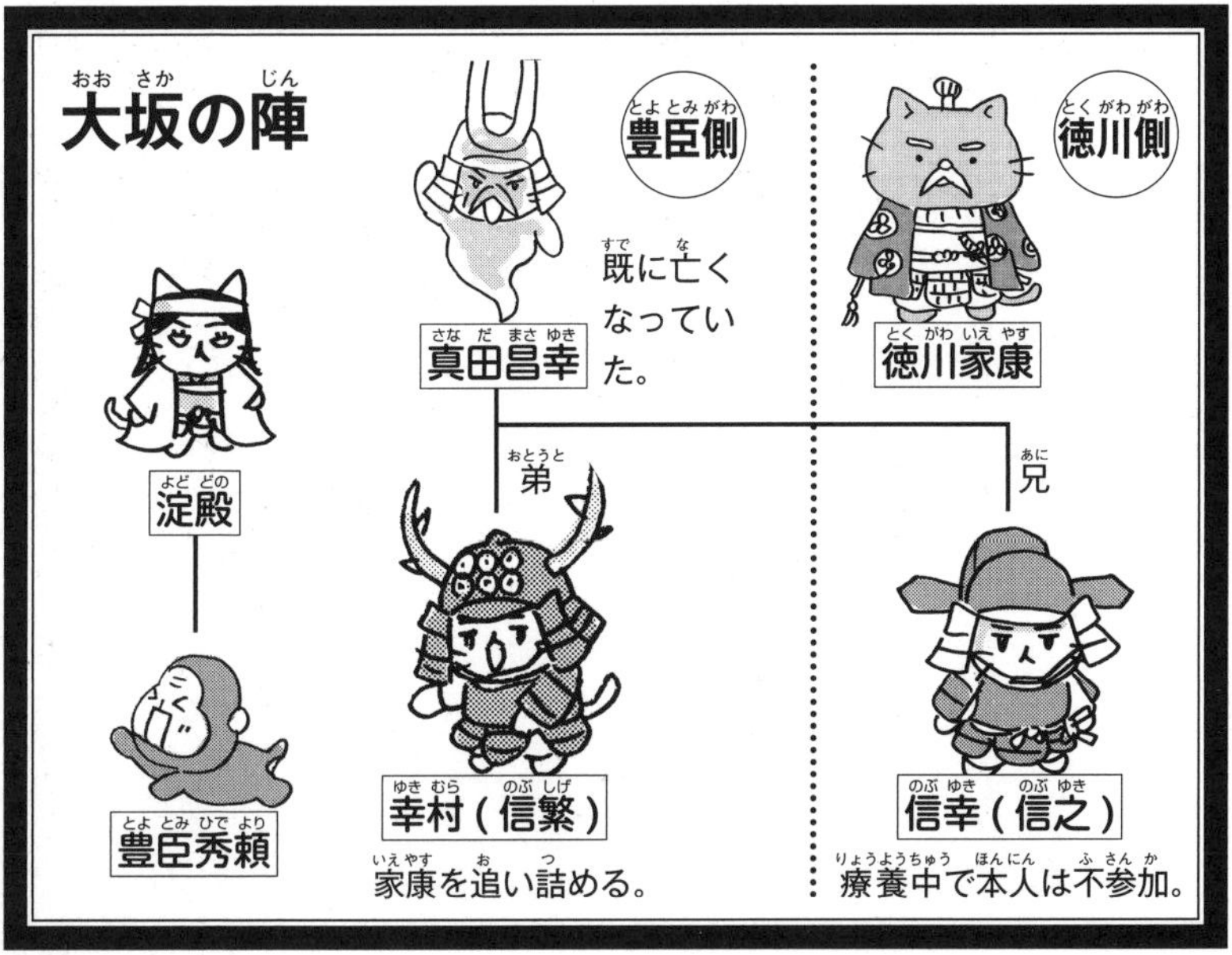

年号《ねんごう》ゴロゴロ合《あ》わせ

1614年《ねん》 大坂冬《おおさかふゆ》の陣《じん》が起《お》こる

コラム

真田幸村《さなだゆきむら》というと、甲賀流《こうかりゅう》忍者猿飛佐助《にんじゃさるとびさすけ》や伊賀流忍者《いがりゅうにんじゃ》霧隠才蔵《きりがくれさいぞう》ら十人《じゅうにん》の勇者《ゆうしゃ》を率《ひき》いて活躍《かつやく》する『真田十勇士《さなだじゅうゆうし》』という物語《ものがたり》が有名《ゆうめい》ですが、これも後《あと》からつくられたお話《はなし》です。ただ、真田家《さなだけ》が忍者《にんじゃ》を使《つか》っていたのは本当《ほんとう》のようですよ。

ねこねこクイズ③

問題《もんだい》1

武田信玄《たけだしんげん》は、次《つぎ》のどこの国《くに》の武将《ぶしょう》だったかニャ？

❶ 尾張国《おわりのくに》
❷ 甲斐国《かいのくに》
❸ 越後国《えちごのくに》

問題《もんだい》2

上杉謙信《うえすぎけんしん》が信仰《しんこう》していた神様《かみさま》は、次《つぎ》のどれかニャ？

❶ 毘沙門天《びしゃもんてん》
❷ 帝釈天《たいしゃくてん》
❸ 恵比寿《えびす》

問題《もんだい》3

織田信長《おだのぶなが》がわずかな軍勢《ぐんぜい》で今川義元《いまがわよしもと》を破《やぶ》った戦《たたか》いは何《なに》かニャ？

❶ 山崎《やまざき》の戦《たたか》い
❷ 桶狭間《おけはざま》の戦《たたか》い
❸ 長篠《ながしの》の戦《たたか》い

問題《もんだい》4

織田信長《おだのぶなが》が明智光秀《あけちみつひで》によって、攻《せ》め込《こ》まれた場所《ばしょ》はどこかニャ？

❶ 本能寺《ほんのうじ》
❷ 東大寺《とうだいじ》
❸ 延暦寺《えんりゃくじ》

問題《もんだい》5

豊臣秀吉《とよとみひでよし》は国内《こくない》を統一《とういつ》した後《あと》、海外《かいがい》のどこに出兵《しゅっぺい》したかニャ?

❶ アメリカ
❷ 朝鮮《ちょうせん》
❸ ベトナム

問題《もんだい》6

伊達政宗《だてまさむね》は、後《のち》に人々《ひとびと》から何《なん》という異名《いみょう》で呼《よ》ばれたのかニャ?

❶ 独眼竜《どくがんりゅう》
❷ 越後《えちご》の竜《りゅう》
❸ 相模《さがみ》の獅子《しし》

問題《もんだい》7

徳川家康《とくがわいえやす》が関ヶ原《せきがはら》の戦《たたか》いで対決《たいけつ》した相手《あいて》の武将《ぶしょう》は誰《だれ》かニャ?

❶ 武田勝頼《たけだかつより》
❷ 石田三成《いしだみつなり》
❸ 明智光秀《あけちみつひで》

問題《もんだい》8

関ヶ原《せきがはら》の戦《たたか》いで東軍側《とうぐんがわ》についたのは、真田家《さなだけ》の中《なか》の誰《だれ》かニャ?

❶ 幸村《ゆきむら》（信繁《のぶしげ》）
❷ 信幸《のぶゆき》（信之《のぶゆき》）
❸ 昌幸《まさゆき》

答え

答《こた》え1

❷

武田信玄《たけだしんげん》は、その強《つよ》さから「甲斐《かい》の虎《とら》」と呼《よ》ばれました。甲斐国《かいのくに》は現在《げんざい》の山梨県《やまなしけん》に当《あ》たります。

答《こた》え2

❶

毘沙門天《びしゃもんてん》は七福神《しちふくじん》の1人《ひとり》で、戦《たたか》いの神様《かみさま》として、多《おお》くの武将《ぶしょう》たちから篤《あつ》く信仰《しんこう》されていました。

答《こた》え3

❷

桶狭間《おけはざま》の戦《たたか》いで今川軍《いまがわぐん》を破《やぶ》ったことにより、織田信長《おだのぶなが》の天下統一《てんかとういつ》への道《みち》が開《ひら》かれました。

答《こた》え4

❶

明智光秀《あけちみつひで》の裏切《うらぎ》りにより、信長《のぶなが》は自害《じがい》へと追《お》い込《こ》まれました。これを「本能寺《ほんのうじ》の変《へん》」といいます。

答《こた》え5

❷

中国《ちゅうごく》征服を目指《めざ》して朝鮮《ちょうせん》へ兵《へい》を送《おく》りました。2度《ど》にわたる戦《たたか》いを文禄《ぶんろく》の役《えき》、慶長《けいちょう》の役《えき》と呼《よ》びます。

答《こた》え6

❶

幼少時《ようしょうじ》に病気《びょうき》にかかって右目《みぎめ》の視力《しりょく》を失《うしな》い、眼帯《がんたい》を着用《ちゃくよう》していたため「独眼竜《どくがんりゅう》」と呼《よ》ばれました。

答《こた》え7

❷

石田三成《いしだみつなり》は豊臣秀吉《とよとみひでよし》の臣下《しんか》で、豊臣家《とよとみけ》への忠誠心《ちゅうせいしん》が篤《あつ》く、最後《さいご》まで豊臣家《とよとみけ》について戦《たたか》いました。

答《こた》え8

❷

東軍《とうぐん》が勝利《しょうり》しましたが、敗《やぶ》れた昌幸《まさゆき》・幸村《ゆきむら》も信幸《のぶゆき》らの徳川家康《とくがわいえやす》への訴《うった》えにより命《いのち》は助《たす》けられました。

江戸時代《えどじだい》

宮本武蔵《みやもとむさし》　徳川綱吉《とくがわつなよし》　赤穂浪士《あこうろうし》　徳川吉宗《とくがわよしむね》
大塩平八郎《おおしおへいはちろう》　坂本竜馬《さかもとりょうま》　新選組《しんせんぐみ》

負《ま》け知《し》らずの剣術《けんじゅつ》の達人《たつじん》

宮《みや》本《もと》武《む》蔵《さし》

生没年《せいぼつねん》

【1584年《ねん》～1645年《ねん》】

出身地《しゅっしんち》　※美作国説《みまさかのくにせつ》も

【播磨国《はりまのくに》(兵庫県南部《ひょうごけんなんぶ》)】

身分《みぶん》

【剣豪《けんごう》】

パラメータ

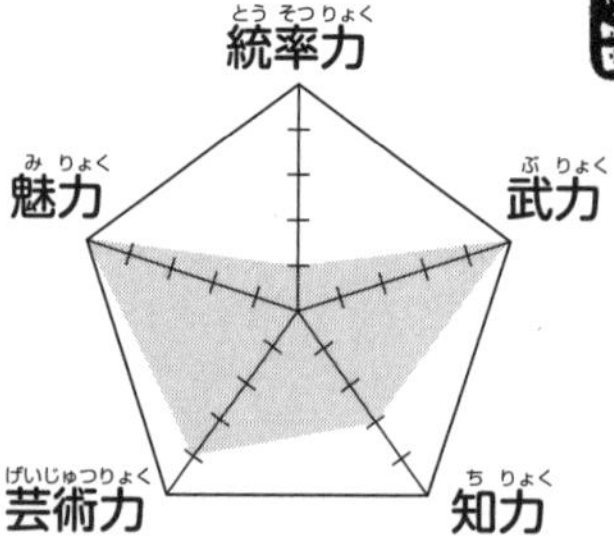

エピソード1

武蔵《むさし》は、左右《さゆう》の手《て》に1本《ぽん》ずつ、2本《ほん》の剣《けん》を持《も》って戦《たたか》う「二刀流《にとうりゅう》（二天一《にてんいち》流《りゅう》）」の達人《たつじん》でした。

エピソード2

約《やく》60歳《さい》となった武蔵《むさし》は、剣術《けんじゅつ》や戦法《せんぽう》に関《かん》する『五《ご》輪書《りんのしょ》』という有名《ゆうめい》な本《ほん》をまとめています。

若《わか》い頃《ころ》から無敵《むてき》だった

剣《けん》の達人《たつじん》、**宮本武蔵《みやもとむさし》**。その名前《なまえ》はとても有名《ゆうめい》なのですが、いつ、どこで生《う》まれたのかなど不明《ふめい》なところが多《おお》い人物《じんぶつ》でもあります。ただし、本人《ほんにん》が書《か》いた本《ほん》の内容《ないよう》から、生《う》まれ故郷《こきょう》は播磨国《はりまのくに》（今《いま》の兵庫県南部《ひょうごけんなんぶ》）で1584年《ねん》の生《う》まれだと考《かんが》えられています。

武蔵《むさし》は、若《わか》い頃《ころ》から剣術《けんじゅつ》を学《まな》び、12歳《さい》の時《とき》、初《はじ》めて剣《けん》の勝《しょう》負《ぶ》をして勝利《しょうり》したといいます。20歳《さい》の時《とき》には京《きょう》の都《みやこ》に出《で》て、有名《ゆうめい》な剣術《けんじゅつ》の一派《いっぱ》である吉岡《よしおか》一門《いちもん》の人々《ひとびと》と戦《たたか》い、この時《とき》も武蔵《むさし》は勝《か》ち続《つづ》けました。

その後《ご》もあちらこちらで60回以上勝負《かいいじょうしょうぶ》をしましたが、一度《いちど》も負《ま》けなかったそうです。本人《ほんにん》がいっているので間違《まちが》いないでしょう。

決闘《けっとう》！ 巌流島《がんりゅうじま》

武蔵《むさし》を一躍有名《いちやくゆうめい》にしたのが「**巌流島《がんりゅうじま》**（今《いま》の山口県《やまぐちけん》にある船島《ふなしま》）**の決闘《けっとう》**」です。相手《あいて》は**佐々木小次郎《ささきこじろう》**という剣術《けんじゅつ》の達人《たつじん》で、「物干竿《ものほしざお》」と呼《よ》ばれる長《なが》い刀《かたな》の使《つか》い手《て》でした。

決戦当日《けっせんとうじつ》、武蔵《むさし》はわざと遅刻《ちこく》したといいます。敵《てき》を

いらいらさせる作戦《さくせん》ですね。また、この時《とき》、武蔵《むさし》は真剣《しんけん》ではなく木刀《ぼくとう》を持《も》って戦《たたか》ったとされています。結果《けっか》、戦《たたか》いは武蔵《むさし》の勝利《しょうり》で終《お》わりました。

ただし、この物語《ものがたり》にはいろいろな伝説《でんせつ》が伝《つた》わっており、不明《ふめい》な点《てん》もたくさんあります。対戦相手《たいせんあいて》の名前《なまえ》も佐々木小次郎《ささきこじろう》ではなく、「岩流《がんりゅう》（巌流《がんりゅう》）」などとしているものも多《おお》いようです（ここから『巌流島《がんりゅうじま》』という名《な》がついたのですね）。中《なか》には1対《たい》1の決《けっ》闘《とう》だったのではなく、武蔵《むさし》は多《おお》くの弟子《でし》たちを連《つ》れていた、としている話《はなし》もあります。

合戦《かっせん》で活躍後《かつやくご》、熊本《くまもと》へ

また、武蔵《むさし》は剣術《けんじゅつ》の達人同士《たつじんどうし》の戦《たたか》いだけではなく、大勢《おおぜい》の人《ひと》が争《あらそ》う合戦《かっせん》にも参加《さんか》していました。徳川《とくがわ》家《け》と豊臣家《とよとみけ》の最終《さいしゅう》決戦《けっせん》である**大坂《おおさか》の陣《じん》**にも参加《さんか》していたようです。

50歳《さい》近くになってからは、小倉藩《こくらはん》（今《いま》の北九州市《きたきゅうしゅうし》を中心《ちゅうしん》とした藩《はん》）、続《つづ》いて熊本藩《くまもとはん》の殿《との》さまに招《まね》かれ、その地《ち》で暮《く》らしています。兵法《へいほう》の書《しょ》をまとめたり、絵《え》を描《か》いたりして時《とき》を過《す》ごしたようです。

1645年《ねん》、61歳《さい》の年《とし》、天才剣士《てんさいけんし》は、熊《くま》本《もと》の地《ち》で生涯《しょうがい》の幕《まく》を閉《と》じます。武蔵《むさし》には子《こ》どもがいませんでしたが、養子《ようし》がいて、武《む》蔵《さし》の功績《こうせき》などをまとめてくれています。

宮本武蔵《みやもとむさし》のライバル

吉岡清十郎《よしおかせいじゅうろう》

吉岡家《よしおかけ》の長男《ちょうなん》。吉岡流《よしおかりゅう》の剣術《けんじゅつ》の使《つか》い手《て》。

吉岡伝七郎《よしおかでんしちろう》

吉岡家《よしおかけ》の次男《じなん》。兄《あに》・清十郎《せいじゅうろう》の仇討《あだう》ちに失敗《しっぱい》する。

又七郎《またしちろう》

吉岡家《よしおかけ》の末弟《まってい》で、幼《おさな》いながら武蔵《むさし》と戦《たたか》った。

胤瞬《いんしゅん》

宝蔵院流槍術《ほうぞういんりゅうそうじゅつ》を使《つか》う、奈《な》良県興福寺子院《らけんこうふくじしいん》の僧侶《そうりょ》。

宍戸《ししど》 某《なにがし》

鎖鎌《くさりがま》の使《つか》い手《て》。吉川英治《よしかわえいじ》の小説《しょうせつ》から宍戸梅軒《ししどばいけん》とも。

佐々木小次郎《ささきこじろう》

物干竿《ものほしざお》と呼《よ》ばれる長刀《ちょうとう》を使《つか》う。必殺技《ひっさつわざ》は燕返《つばめがえ》し。

年号《ねんごう》ゴロゴロ合《あ》わせ

剣豪《けんごう》・武蔵《むさし》

16 1 5
色めき戦にご参戦《さんせん》

1615年《ねん》大坂夏《おおさかなつ》の陣《じん》が起《お》こる

コラム

宮本武蔵《みやもとむさし》というと剣術《けんじゅつ》の天《てん》才《さい》として知《し》られているため肉体派《にくたいは》のイメージがありますが、実《じつ》は書《しょ》を書《か》いたり、工芸《こうげい》をしたりと芸術家《げいじゅつか》としても活動《かつどう》していました。特《とく》に水墨画《すいぼくが》など絵画《かいが》の分野《ぶんや》では、迫力《はくりょく》のある傑作《けっさく》を残《のこ》しています。

生《い》き物《もの》を大切《たいせつ》にした将軍《しょうぐん》

徳《とく》川《がわ》綱《つな》吉《よし》

生没年《せいぼつねん》
【1646年《ねん》～
1709年《ねん》】
父親《ちちおや》
【3代《だい》将軍《しょうぐん》徳《とく》川《がわ》家《いえ》光《みつ》】
身分《みぶん》
【江戸《えど》幕府《ばくふ》5代《だい》将軍《しょうぐん》】

パラメータ

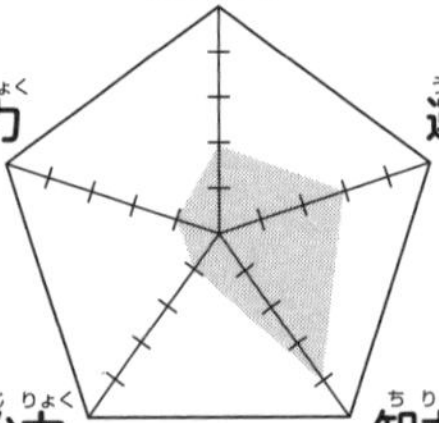

エピソード1

綱吉《つなよし》の身長《しんちょう》は120㎝台《だい》だったといわれています。当時《とうじ》としてもかなり低《ひく》いほうでした。

エピソード2

犬《いぬ》を大切《たいせつ》にした綱吉《つなよし》。彼《かれ》が使《つか》ったという犬《いぬ》の形《かたち》をした湯《ゆ》たんぽが今《いま》も残《のこ》っています。

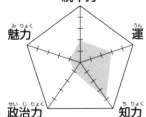

オンリーワンの弟将軍《おとうとしょうぐん》

徳川綱吉《とくがわつなよし》は、家康《いえやす》のひ孫《まご》で、3代将軍《だいしょうぐん》**家《いえ》光《みつ》**の子《こ》どもに当《あ》たる人物《じんぶつ》です。ただし、彼《かれ》は四男《よんなん》だったので、4代将軍《だいしょうぐん》にはお兄《にい》さんの**家綱《いえつな》**がなっていました。綱吉《つなよし》は今《いま》の群馬《ぐんま》県《けん》にあった館林藩《たてばやしはん》の殿《との》さまとなったのです。

ところが、その4代将軍家綱《だいしょうぐんいえつな》が、子《こ》どもがいないまま、39歳《さい》の若《わか》さで亡《な》くなります。

他《ほか》のお兄《にい》さんもこの時《とき》には亡《な》くなっていましたので、綱吉《つなよし》が次《つぎ》の将軍《しょうぐん》となりました。初代《しょだい》から4代《だい》まではすべて親《おや》から子《こ》へ将《しょう》軍職《ぐんしょく》が受《う》け継《つ》がれていましたから、綱吉《つなよし》は兄《あに》の跡《あと》を継《つ》いで将《しょう》軍《ぐん》となった最初《さいしょ》の例《れい》となります。また、これ以降《いこう》も兄弟《きょうだい》で将軍《しょうぐん》となった例《れい》はありません。綱吉《つなよし》は、江戸時代《えどじだい》でただ1人《ひとり》の、兄《あに》の跡《あと》を継《つ》いだ将軍《しょうぐん》ということになります。

行《い》き過《す》ぎた動物保護《どうぶつほご》で大混乱《だいこんらん》

綱吉《つなよし》は「**生類憐《しょうるいあわれ》みの令《れい》**」といって、生《い》き物《もの》、特《とく》に犬《いぬ》を大切《たいせつ》にしよう、というお触《ふ》れを出《だ》しました。動物《どうぶつ》を殺《ころ》したり、傷《きず》つけたりしてはもちろんいけませんし、虫《むし》を売《う》り買《か》いすることや、

犬《いぬ》や猫《ねこ》をつなぎとめておくことなども禁止《きんし》されました。取《と》り締《し》まりはどんどん強化《きょうか》され、蚊《か》を殺《ころ》しただけで島流《しまなが》しとなった人《ひと》も出《で》る始末《しまつ》です。一般庶民《いっぱんしょみん》は、毎日《まいにち》の暮《く》らしにも大変不便《たいへんふべん》を感《かん》じるようになりました。

一方《いっぽう》で、みんなから大事《だいじ》にされたので犬《いぬ》の数《かず》は増《ふ》えるばかり。そこで幕府《ばくふ》は巨大《きょだい》な犬小屋《いぬごや》を建設《けんせつ》して犬《いぬ》を保護《ほご》しました。今《いま》の東京都中野区《とうきょうとなかのく》にあった犬小屋《いぬごや》は東京《とうきょう》ドーム11個分《こぶん》よりまだ広《ひろ》いという巨大《きょだい》なものだったといいます。そこで何万《なんまん》という犬《いぬ》を育《そだ》てていたので、その費用《ひよう》も大変《たいへん》なものでした。

生類憐《しょうるいあわれ》みの令《れい》を出《だ》した理由《りゆう》

綱吉《つなよし》が生類憐《しょうるいあわれ》みの令《れい》を出《だ》したのには、理由《りゆう》がありました。跡《あと》を継《つ》ぐべき子《こ》どもがいなかった綱吉《つなよし》が、あるお坊《ぼう》さんから「子《こ》どもを授《さず》かるためには、生《い》き物《もの》を、特《とく》に将軍様《しょうぐんさま》は戌年生《いぬどしう》まれですから犬《いぬ》を大切《たいせつ》にするようにしてください」というアドバイスを受《う》けたことがきっかけだったのです。

犬を大事にしなさい！
ええ──!?

しかし、結局綱吉《けっきょくつなよし》は、跡継《あとつ》ぎを授《さず》からずに亡《な》くなりました。綱吉《つなよし》の死後《しご》、生類憐《しょうるいあわれ》みの令《れい》は即廃止《そくはいし》となったのですが、犬小屋《いぬごや》などにかかったお金《かね》は大変《たいへん》な額《がく》でしたし、当時《とうじ》、立派《りっぱ》なお寺《てら》なども建《た》てられたので、以来幕府《いらいばくふ》はお金不足《かねぶそく》に悩《なや》むようになりました。

徳川家家系図《とくがわけかけいず》（初代《しょだい》～６代《だい》）

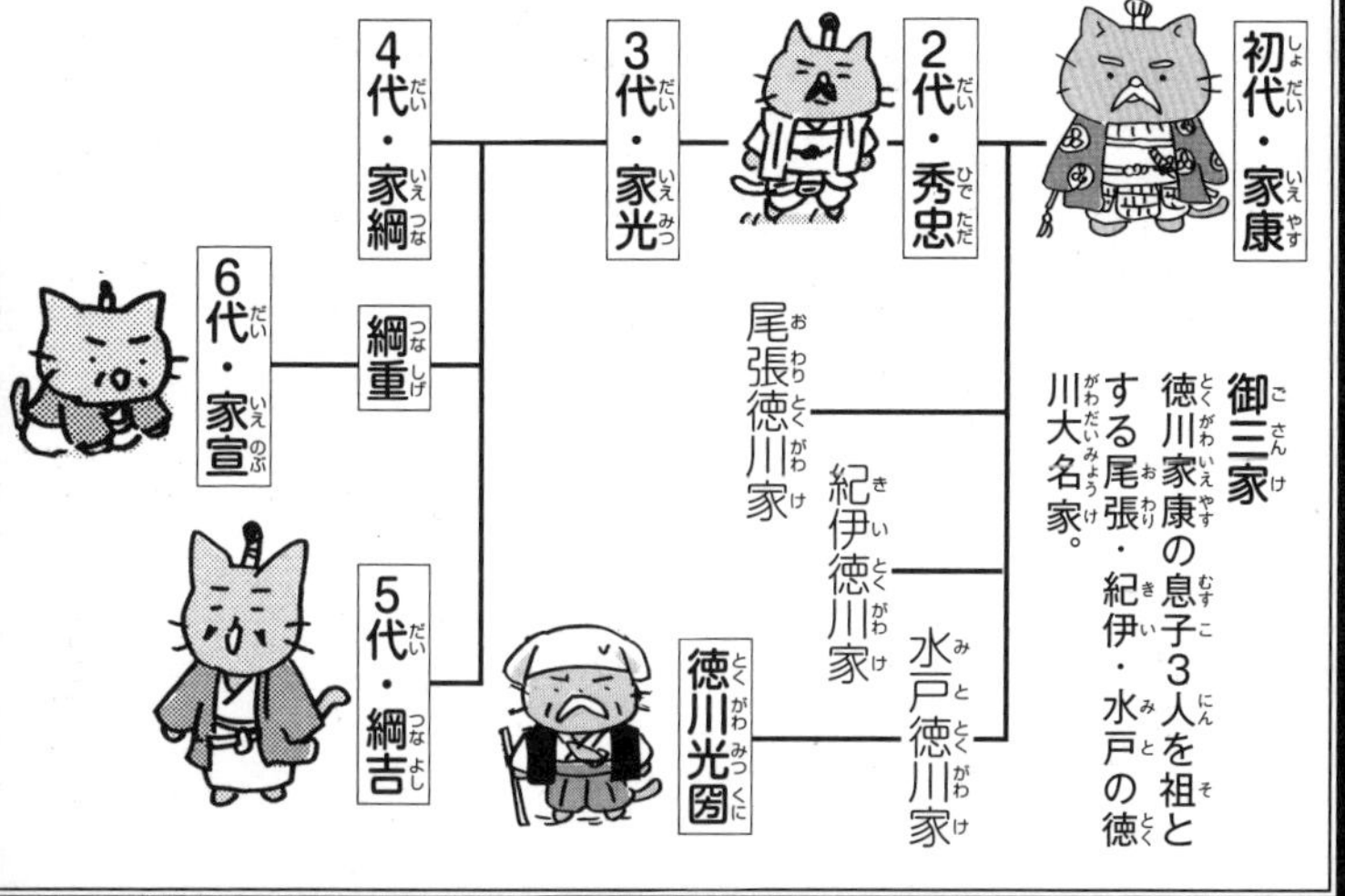

年号《ねんごう》ゴロゴロ合《あ》わせ

1685年《ねん》生類憐《しょうるいあわれ》みの令《れい》を発令《はつれい》する

コラム

綱吉《つなよし》の時代《じだい》には文化《ぶんか》が栄《さか》えました。松尾芭蕉《まつおばしょう》の『奥《おく》の細道《ほそみち》』が書《か》かれたり、浮世絵《うきよえ》が描《か》かれはじめたりしたのもこの頃《ころ》です。綱吉自身《つなよしじしん》も学問好《がくもんず》きで、熱心《ねっしん》に勉強《べんきょう》することを勧《すす》めたので、いろいろな学問《がくもん》が発展《はってん》していきました。

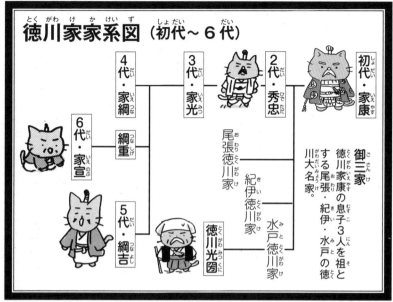

殿《との》さまの仇《かたき》を討《う》った侍《さむらい》たち

赤《あ》穂《こう》浪《ろう》士《し》

事件年《じけんねん》
【1702年《ねん》
12月《がつ》14日深夜《にちしんや》】
出身地《しゅっしんち》
【播磨国《はりまのくに》(兵庫県南部《ひょうごけんなんぶ》)】
身分《みぶん》
【浪士《ろうし》】

パラメータ

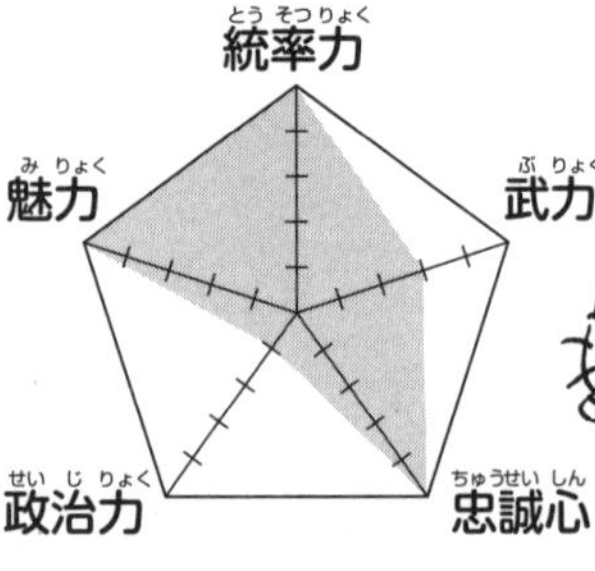

エピソード1

赤穂浪士《あこうろうし》の物語《ものがたり》は「忠臣《ちゅうしん》蔵《ぐら》」とも呼《よ》ばれ、歌舞伎《かぶき》の演目《えんもく》や映画《えいが》などでも親《した》しまれています。

エピソード2

将軍綱吉《しょうぐんつなよし》は浅野内匠頭《あさのたくみのかみ》の事件《じけん》には激怒《げきど》したのに、赤穂浪士《あこうろうし》のことは「天《あっ》晴《ぱれ》」と褒《ほ》めたそうです。

まさかの江戸城《えどじょう》での傷害事件《しょうがいじけん》！

徳川綱吉《とくがわつなよし》が将軍《しょうぐん》だった時代《じだい》に、江戸中《えどじゅう》を騒《さわ》がせた事件《じけん》が起《お》きます。**赤穂事件**《あこうじけん》です。

事件《じけん》は、1701年《ねん》3月《がつ》14日《にち》、播磨国《はりまのくに》(今《いま》の兵庫県南部《ひょうごけんなんぶ》)にあった赤穂藩《あこうはん》の殿《との》さま・**浅野内匠頭長矩**《あさのたくみのかみながのり》が、**吉良上野介義央**《きらこうずけのすけよしなか》という殿《との》さまに、江戸城《えどじょう》の松之廊下《まつのろうか》というところで刀《かたな》を持《も》って斬《き》りかかったことからはじまります。将軍《しょうぐん》が住《す》み、政治《せいじ》を行《おこな》っている江戸城《えどじょう》では刀《かたな》を抜《ぬ》くことさえ許《ゆる》されません。ましてや傷害事件《しょうがいじけん》など起《お》こしたら、重《おも》く罰《ばっ》せられます。

キャイン
キャイン
ギャー
ギャー
浅野殿
殿中《でんちゅう》で
ござる!!
つめは御法度
でござるー!!

幸《さいわ》い吉良上野介《きらこうずけのすけ》は額《ひたい》と背中《せなか》を斬《き》られただけで命《いのち》は助《たす》かりましたが、浅野内匠頭《あさのたくみのかみ》はすぐにつかまり、その日《ひ》のうちに切腹《せっぷく》となりました。浅野家《あさのけ》は領地《りょうち》を没収《ぼっしゅう》され、家臣《かしん》たちは主人《しゅじん》や仕事《しごと》を失《うしな》って浪人《ろうにん》となります。

どうして事件《じけん》は起《お》こった？

なぜ浅野内匠頭《あさのたくみのかみ》は吉良上野介《きらこうずけのすけ》を襲《おそ》ったのでしょうか？ 当《とう》時《じ》、浅野内匠頭《あさのたくみのかみ》は朝廷《ちょうてい》からの使者《ししゃ》をおもてなしする仕《し》事《ごと》を担当《たんとう》していました。そして、吉《き》良《ら》上野介《こうずけのすけ》は儀式全《ぎしきぜん》体《たい》を指揮《しき》する立場《たちば》

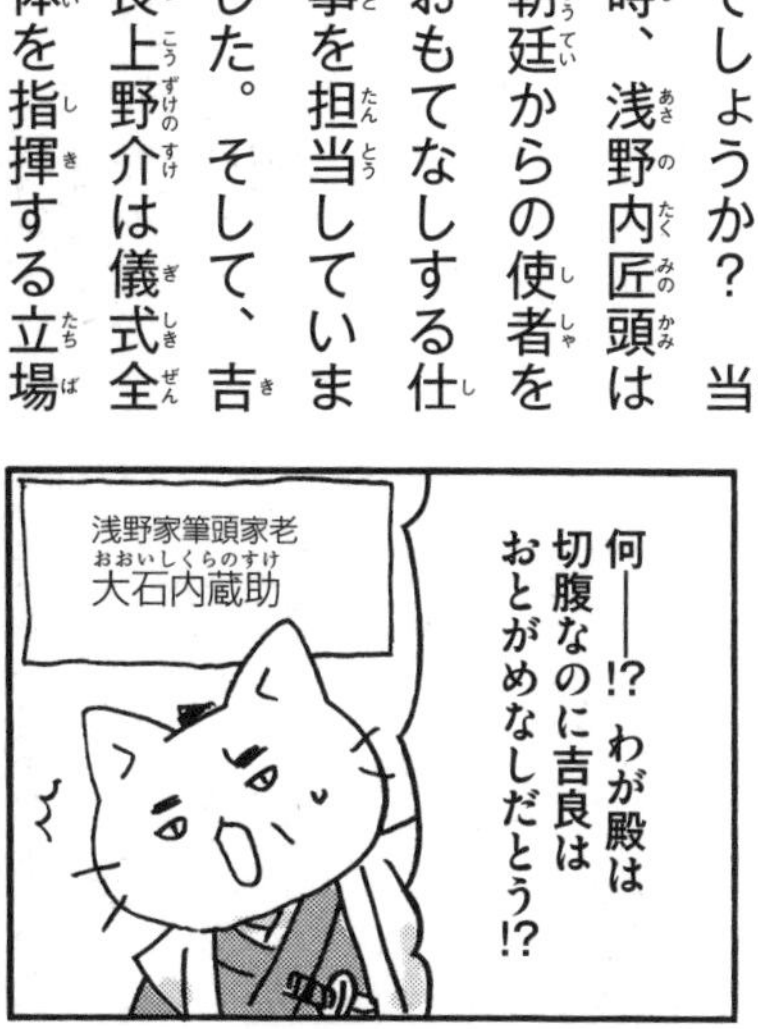
浅野家筆頭家老
大石内蔵助《おおいしくらのすけ》
何――!? わが殿は
切腹なのに吉良は
おとがめなしだとう!?

の人《ひと》でしたから、浅野内匠頭《あさのたくみのかみ》を指導《しどう》する際《さい》になにかトラブルがあったようなのです。浅野内匠頭《あさのたくみのかみ》がわいろを贈《おく》らなかったために吉良上野介《きらこうずけのすけ》が意地悪《いじわる》をしたともいわれていますが、本当《ほんとう》のところはわかっていません。

この事件《じけん》で、怒りをあらわにしたのが、浅野内匠頭《あさのたくみのかみ》の部下《ぶか》だった赤穂藩《あこうはん》の浪人《ろうにん》たちです。本来《ほんらい》、ケンカが起《お》こったら両方《りょうほう》に罰《ばつ》を与《あた》えるというのが決《き》まりだったのに、浅《あさ》野内匠頭《のたくみのかみ》だけが切腹《せっぷく》させられ、吉良上野介《きらこうずけのすけ》はなんの罰《ばつ》も受《う》けなかったからです。

江戸《えど》庶民《しょみん》を沸《わ》かした仇討《あだう》ち

赤穂藩《あこうはん》で家老《かろう》という偉《えら》い役職《やくしょく》についていた**大石内蔵助良雄**《おおいしくらのすけよしお》らは、なんとか浅野家《あさのけ》を復活《ふっかつ》させようと幕府《ばくふ》にお願《ねが》いを続《つづ》けましたが、それもついには叶《かな》いませんでした。

そこで大石《おおいし》ら47人《にん》の侍《さむらい》たちは、1702年《ねん》12月《がつ》14日《にち》の深夜《しんや》、主君《しゅくん》・浅《あさ》野内匠頭《のたくみのかみ》の仇《かたき》をとるため、吉良上野介《きらこうずけのすけ》の屋敷《やしき》へ侵入《しんにゅう》します。そして、見事《みごと》、吉良《きら》の首《くび》をとり、その首《くび》を浅野内匠頭《あさのたくみのかみ》のお墓《はか》に捧《ささ》げました。

むろん、彼《かれ》らの行為《こうい》が許《ゆる》されるはずもなく、大石《おおいし》らは切腹《せっぷく》となります。しかし、江《え》戸《ど》の庶民《しょみん》たちは、見事《みごと》、主君《しゅくん》の仇《かたき》をとった大石《おおいし》ら赤穂浪士《あこうろうし》の討《う》ち入《い》りを、立派《りっぱ》な行為《こうい》だとして褒《ほ》めたたえたのです。

赤穂事件《あこうじけん》

江戸城内《えどじょうない》で浅野内匠頭《あさのたくみのかみ》が吉良上野介《きらこうずけのすけ》を斬《き》りつける。

浅野内匠頭《あさのたくみのかみ》は切腹《せっぷく》を命《めい》じられ、赤穂藩《あこうはん》は取《と》り潰《つぶ》しにされる。

大石内蔵助《おおいしくらのすけ》ら元《もと》・赤穂藩《あこうはん》の藩士《はんし》たちは、討《う》ち入《い》りを決意《けつい》する。

屋敷《やしき》に押《お》し入《い》って、吉良《きら》を討《う》ち取《と》り、仇討《あだう》ちを成功《せいこう》させる。

年号《ねんごう》ゴロゴロ合《あ》わせ

1702年《ねん》 赤穂浪士《あこうろうし》が討《う》ち入《い》りする

コラム

赤穂浪士《あこうろうし》は「四十七士《しじゅうしちし》」ともいわれていますが、実際《じっさい》には46人《にん》だという説《せつ》があります。1人《ひとり》だけ直前《ちょくぜん》に逃《に》げ出《だ》したとか、仇《かたき》を討《う》った後《のち》に別行動《べつこうどう》をとったとか、いろいろな説《せつ》はありますが、切腹《せっぷく》したのが46人《にん》なのは確《たし》かです。

幕府《ばくふ》を立《た》ち直《なお》らせた8代将軍《だいしょうぐん》

徳《とく》川《がわ》吉《よし》宗《むね》

生没年《せいぼつねん》
【1684年《ねん》～
1751年《ねん》】
父親《ちちおや》
【紀伊藩主徳川光貞《きいはんしゅとくがわみつさだ》】
身分《みぶん》
【江戸幕府《えどばくふ》8代将軍《だいしょうぐん》】

パラメータ

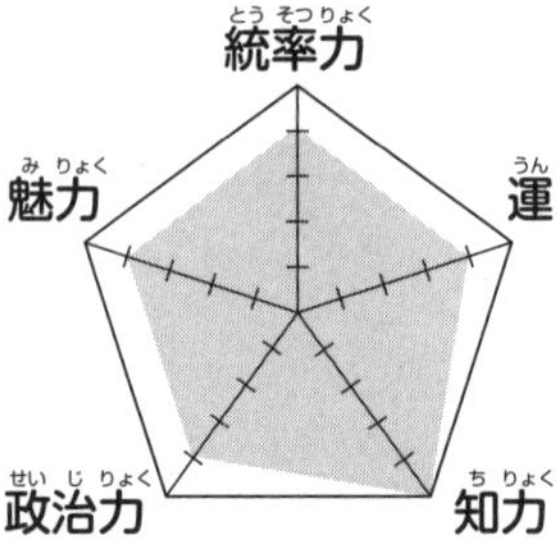

エピソード1

ぜいたくを禁止《きんし》していた吉宗《よしむね》は、自《みずか》らもどんなに寒《さむ》い日《ひ》でも厚着《あつぎ》をしなかったそうです。

エピソード2

吉宗《よしむね》は象《ぞう》も輸入《ゆにゅう》しました。とても珍《めずら》しかったので江《え》戸《ど》では「象《ぞう》ブーム」が起《お》こったようです。

紀《き》伊《い》（和《わ》歌《か》山《やま》）から来《き》た将《しょう》軍《ぐん》

1716年《ねん》、7代《だい》将《しょう》軍《ぐん》**家《いえ》継《つぐ》**が病《やまい》で亡《な》くなります。当《とう》時《じ》、まだ7歳《さい》。3年《ねん》前《まえ》にお父《とう》さん（6代《だい》将《しょう》軍《ぐん》**家《いえ》宣《のぶ》**）から将《しょう》軍《ぐん》職《しょく》を譲《ゆず》られたばかりでした。もちろん、家《いえ》継《つぐ》に子《こ》どもはいませんので、将《しょう》軍《ぐん》家《け》には次《つぎ》に将《しょう》軍《ぐん》となるべき人がいなくなってしまいました。

こういう時《とき》には、将《しょう》軍《ぐん》家《け》の親《しん》戚《せき》である**尾《お》張《わり》・水《み》戸《と》・紀《き》伊《い》**の「**御《ご》三《さん》家《け》**」と呼《よ》ばれる藩《はん》から次《つぎ》の将《しょう》軍《ぐん》が選《えら》ばれることになります。こうして8代《だい》将《しょう》軍《ぐん》に選《えら》ばれたのが**徳《とく》川《がわ》吉《よし》宗《むね》**です。

吉《よし》宗《むね》はとても体《たい》格《かく》が良《よ》く、鷹《たか》狩《が》りや武《ぶ》芸《げい》を好《この》む、元《げん》気《き》いっぱいの将《しょう》軍《ぐん》でした。

吉《よし》宗《むね》はお米《こめ》が大《だい》好《す》きだった？

吉《よし》宗《むね》が将《しょう》軍《ぐん》になった頃《ころ》、幕《ばく》府《ふ》はお金《かね》がなくて苦《くる》しんでいました。それは武《ぶ》士《し》たち一《ひと》人《り》ひとりも同《どう》様《よう》です。そこで吉《よし》宗《むね》は、まずぜいたくをやめて、地《じ》味《み》で質《しっ》素《そ》な暮《く》らしをするよう呼《よ》びかけ、また、できるだけお金《かね》を使《つか》うのを少《すく》なくするよう働《はたら》きかけます。

さらに、各《かく》地《ち》の大《だい》名《みょう》から新《あら》たに少《すこ》しずつ年《ねん》貢《ぐ》米《まい》を納《おさ》

めさせたり、新《あたら》しく田《た》んぼをつくったり、たとえお米《こめ》があまりとれなかった年《とし》でも決《き》まった量《りょう》のお米《こめ》を年貢《ねんぐ》として納《おさ》めることを農民《のうみん》に強制《きょうせい》したりして、幕府《ばくふ》にたくさんのお米《こめ》が入《はい》るように努力《どりょく》しました。当時《とうじ》は、武士《ぶし》の給与《きゅうよ》なども主《おも》にお米《こめ》で支払《しはら》われていましたから、お米《こめ》をいかに集《あつ》めるかが重要《じゅうよう》なことだったのですね。お米《こめ》のことをいつも気《き》にしていたため、吉宗《よしむね》は「**米公方**《こめくぼう》（米《こめ》将軍《しょうぐん》）」などと呼《よ》ばれるようになります。

享保《きょうほう》の改革《かいかく》は成功《せいこう》だった？

また吉宗《よしむね》は、**大岡忠相**《おおおかただすけ》など力《ちから》のある人《ひと》を積極的《せっきょくてき》に役職《やくしょく》につけたり、「**目安箱**《めやすばこ》」という投書制度《とうしょせいど》を設《もう》けて一般《いっぱん》の人《ひと》の声《こえ》を聞《き》いたりといったことも行《おこな》いました。いろいろな人《ひと》の意見《いけん》を聞《き》いて政治《せいじ》に活《い》かそうとしたのですね。目《め》安箱《やすばこ》に入《はい》っていた投書《とうしょ》の意見《いけん》を採用《さいよう》して**小石川養生所**《こいしかわようじょうしょ》という貧《まず》しい人《ひと》のための病院《びょういん》をつくることなども行《おこな》いました。

このような吉宗《よしむね》の大胆《だいたん》で新《あたら》しい政治《せいじ》は「**享保**《きょうほう》**の改革**《かいかく》」と呼《よ》ばれました。そのおかげで幕府《ばくふ》のお金不足《かねぶそく》は少《すこ》しずつ解消《かいしょう》され、吉宗《よしむね》はすぐれた将軍《しょうぐん》と評価《ひょうか》されるようになります。ただ、お米《こめ》があまりとれない年《とし》でもたくさんの年貢《ねんぐ》を納《おさ》めなければならなくなった農民《のうみん》などの不満《ふまん》は高《たか》まっていきました。

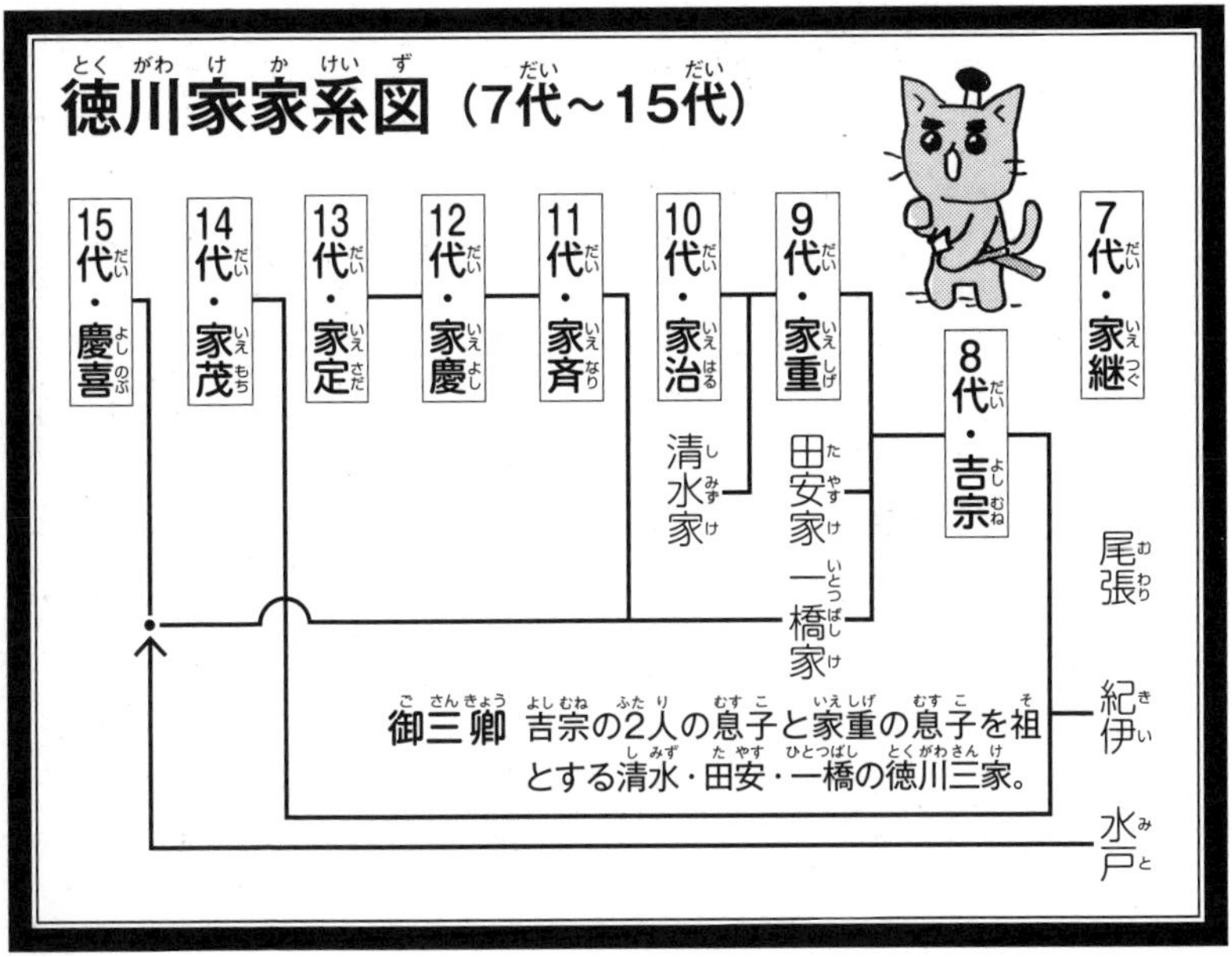

年号《ねんごう》ゴロゴロ
合《あ》わせ

吉宗《よしむね》が、
いない《1 7 1》と無《6》理だぜ
享保《きょうほう》の改革《かいかく》

1716年《ねん》享保《きょうほう》の改革《かく》が行《おこな》われる

コラム

吉宗《よしむね》は、武芸《ぶげい》も好《す》きでしたが、科学《かがく》など学問《がくもん》の分野《ぶんや》にも興味《きょうみ》があったようです。海外《かいがい》からさまざまな役《やく》に立《た》つ本《ほん》や珍《めずら》しい動物《どうぶつ》を輸入《ゆにゅう》したりしました。江戸城《えどじょう》の庭《にわ》に桶《おけ》を置《お》いて、自《みずか》ら雨《あめ》の量《りょう》を観測《かんそく》したりもしたようです。

世直《よなお》しのために立《た》ち上《あ》がった元与力《もとよりき》

大《おお》塩《しお》平《へい》八《はち》郎《ろう》

生没年《せいぼつねん》

【1793年《ねん》～
1837年《ねん》】

出身地《しゅっしんち》 ※阿波国説《あわのくにせつ》も

【大坂天満《おおさかてんま》】

身分《みぶん》

【町奉行与力《まちぶぎょうよりき》・陽明学者《ようめいがくしゃ》】

パラメータ

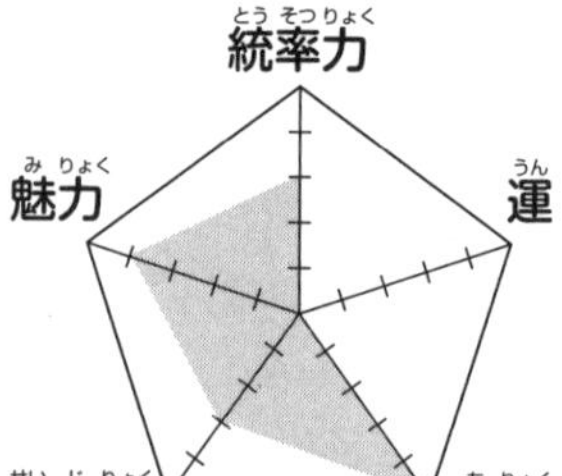

エピソード1

1度《ど》に10杯《ぱい》もご飯《はん》を食《た》べ、100㎞以《い》上《じょう》歩《ある》き、10日《か》以《い》上《じょう》寝《ね》なくても大《だい》丈夫《じょうぶ》だったといいます。

エピソード2

大塩《おおしお》は本《ほん》も書《か》いています。吉田松陰《よしだしょういん》や西郷隆盛《さいごうたかもり》などの有名人《ゆうめいじん》も彼《かれ》の本《ほん》を愛読《あいどく》したそうです。

仕事《しごと》に学問《がくもん》に大活躍《だいかつやく》!

大塩平八郎《おおしおへいはちろう》は、幼《おさな》い頃《ころ》に父母《ふぼ》を亡《な》くし、おじいさんに育《そだ》てられて成長《せいちょう》しました。彼《かれ》のおじいさんは**大坂町奉行所《おおさかまちぶぎょうしょ》**の与力《よりき》という、警察官《けいさつかん》のような仕事《しごと》についていました。大塩《おおしお》自身《じしん》も13歳《さい》の頃《ころ》から大坂町奉行所《おおさかまちぶぎょうしょ》で働《はたら》きはじめ、やがて与力《よりき》となります。大塩《おおしお》は仕事《しごと》に精《せい》を出《だ》し、たくさんの悪人《あくにん》を捕《つか》まえています。腕《うで》の良《よ》い与力《よりき》としても知《し》られていたのです。

それだけでなく、彼《かれ》は学者《がくしゃ》としても有名《ゆうめい》でした。30代《だい》前半頃《ぜんはんごろ》から自宅《じたく》で塾《じゅく》を開《ひら》いており、37歳《さい》で与力《よりき》の仕事《しごと》を辞《や》めるまでは塾《じゅく》と奉行《ぶぎょう》所《しょ》の両方《りょうほう》で活躍《かつやく》していたのです。毎日《まいにち》、夜《よ》中《なか》の午前《ごぜん》2時《じ》に起《お》きて武芸《ぶげい》などに励《はげ》んだ後《のち》、弟子《でし》に授業《じゅぎょう》を行《おこな》い、その後《ご》、ようやく与力《よりき》の仕事《しごと》に出《で》かけたといわれています。

飢饉《ききん》で餓死《がし》する人《ひと》が続出《ぞくしゅつ》

大塩《おおしお》が大坂町奉行所《おおさかまちぶぎょうしょ》を辞《や》めてから数年後《すうねんご》、徐々《じょじょ》に気候《きこう》が悪《わる》くなり、お米《こめ》が不作《ふさく》の状態《じょうたい》が続《つづ》くようになります。食《た》べるものがなくなり、大坂《おおさか》の町《まち》でも飢《う》え死《じ》にする人《ひと》がたくさん出《で》ました。

大塩《おおしお》は、困《こま》っている人々《ひとびと》をなんとかしようと立《た》ち上《あ》がります。大坂町奉行所《おおさかまちぶぎょうしょ》に行《い》って、人々《ひとびと》を救《すく》ってくれるようにお願《ねが》いもしました。しかし、受《う》け入《い》れてはくれません。それどころか大坂《おおさか》でも餓死《がし》する人《ひと》がたくさんいるのに、江戸幕府《えどばくふ》からお米《こめ》が欲《ほ》しいといわれると、町奉行《まちぶぎょう》はほいほい大切《たいせつ》なお米《こめ》を江戸《えど》に送《おく》ってしまったのです。お金持《かねも》ちの商人《しょうにん》もなかなか人助《ひとだす》けに動《うご》いてくれません。大塩《おおしお》の怒《いか》りは限界《げんかい》に達《たっ》しました。

大塩平八郎《おおしおへいはちろう》、ついに立《た》つ！

1837年《ねん》、大塩平八郎《おおしおへいはちろう》は反乱《はんらん》を起《お》こします。困《こま》っている人《ひと》を助《たす》けてくれない役人《やくにん》たちを倒《たお》し、自分《じぶん》たちだけ儲《もう》けているお金《かね》持《も》ちの商人《しょうにん》を襲《おそ》ってお米《こめ》などを奪《うば》い、困《こま》っている人《ひと》に分《わ》け与《あた》えようとしたのです。近《ちか》くの農民《のうみん》たちにも参加《さんか》を呼《よ》びかけ、300人《にん》ほどが集《あつ》まり、あちこちで反乱《はんらん》を起《お》こしました。

しかし、しょせんは一般庶民《いっぱんしょみん》の寄《よ》せ集《あつ》めだったので、反乱軍《はんらんぐん》は1日《にち》で幕府《ばくふ》に敗《やぶ》れてしまいます。やがて、大塩平八郎《おおしおへいはちろう》も追《お》い詰《つ》められて自殺《じさつ》しました。

反乱《はんらん》は失敗《しっぱい》に終《お》わりましたが、その影響《えいきょう》はとても大《おお》きいものでした。似《に》たような反《はん》乱《らん》も続《つづ》き、幕府《ばくふ》は対応《たいおう》に追《お》われることになります。

大塩平八郎《おおしおへいはちろう》の乱《らん》

1833年《ねん》に天保《てんぽう》の大飢饉《だいききん》が起《お》き、大坂《おおさか》でもたくさんの人《ひと》が餓死《がし》する。

飢餓対策《きがたいさく》を奉《ぶ》行所《ぎょうしょ》（役所《やくしょ》のような所《ところ》）に申《もう》し出《で》るが、全《すべ》て却下《きゃっか》される。

悪《わる》い役人《やくにん》や商《しょう》人《にん》を襲《おそ》う決意《けつい》をし、周辺《しゅうへん》に大義名分《たいぎめいぶん》を記《しる》したビラを撒《ま》く。

乱《らん》を起《お》こすも失敗《しっぱい》。この乱《らん》の影響《えいきょう》で大坂《おおさか》の5分《ぶん》の1が大火《たいか》で焼《や》ける。

年号《ねんごう》ゴロゴロ合《あ》わせ

大塩《おおしお》一《1》派《8》、
み《3》んな《7》で反乱《はんらん》
大塩平八郎《おおしおへいはちろう》の乱《らん》

1837年《ねん》 大塩平八郎《おおしおへいはちろう》の乱《らん》が起《お》こる

コラム

大塩平八郎《おおしおへいはちろう》の乱《らん》では大坂《おおさか》の約《やく》5分《ぶん》の1が焼《や》けたといわれます。ただ、市民《しみん》の多《おお》くは大塩《おおしお》のことを慕《した》っていたので、家《いえ》が焼《や》けても「大塩《おおしお》さま、われわれのために戦《たたか》ってくれてありがとう」という意味《いみ》で手《て》を合《あ》わせる人《ひと》もいたといいます。

9 1869年《ねん》

五稜郭《ごりょうかく》の戦《たたか》い

新政府軍《しんせいふぐん》と旧幕府軍《きゅうばくふぐん》の間《あいだ》で起《お》きた戊辰戦争《ぼしんせんそう》の最後《さいご》の戦《たたか》いです。土方歳三《ひじかたとしぞう》も参戦《さんせん》し戦死《せんし》しました。

8 1868年《ねん》

江戸無血開城《えどむけつかいじょう》

江戸《えど》を攻《せ》めないことを条件《じょうけん》に、勝海舟《かつかいしゅう》が交渉《こうしょう》の末《すえ》、江戸城《えどじょう》を新政府《しんせいふ》に明《あ》け渡《わた》しました。

2 1860年《ねん》

桜田門外《さくらだもんがい》の変《へん》

大老《たいろう》・井伊直弼《いいなおすけ》が尊王攘夷派《そんのうじょういは》の水戸藩《みとはん》や薩摩藩《さつまはん》の浪士《ろうし》たちに暗殺《あんさつ》された事件《じけん》です。

1 1853年《ねん》

浦賀《うらが》に黒船来航《くろふねらいこう》

ペリー率《ひき》いるアメリカの一団《いちだん》が、鎖国状態《さこくじょうたい》の日本《にっぽん》の開国《かいこく》を求《もと》めに浦賀《うらが》に来航《らいこう》しました。

幕末《ばくまつ》日本《にほん》地図《ちず》・事件《じけん》

3 1863年《ねん》

長州藩外国船砲撃事件《ちょうしゅうはんがいこくせんほうげきじけん》

長州藩《ちょうしゅうはん》が攘夷《じょうい》の意志《いし》を示《しめ》すために来航《らいこう》する外国《がいこく》船《せん》を砲撃《ほうげき》した事《じ》件《けん》です。後《のち》に報《ほう》復《ふく》を受《う》けました。

6 1866年《ねん》

薩長連合《さっちょうれんごう》が成立《せいりつ》

坂本竜馬《さかもとりょうま》の仲《ちゅう》介《かい》で桂小五郎《かつらこごろう》と西郷隆盛《さいごうたかもり》・小松帯刀《こまつたてわき》を代《だい》表《ひょう》に、長州《ちょうしゅう》と薩摩《さつま》が同盟《どうめい》を結《むす》びました。

7 1867年《ねん》

海援隊結成《かいえんたいけっせい》

坂本竜馬《さかもとりょうま》が亀《かめ》山社中《やましゃちゅう》という貿易結社《ぼうえきけっしゃ》を、海援隊《かいえんたい》という土佐藩関連《とさはんかんれん》の会社《かいしゃ》として再《さい》結成《けっせい》しました。

5 1864年《ねん》

池田屋事件《いけだやじけん》

新選組《しんせんぐみ》が池田屋《いけだや》を襲撃《しゅうげき》し、尊王攘夷《そんのうじょうい》派《は》の志士《しし》たちを大量《たいりょう》に討伐《とうばつ》した事件《じけん》です。

4 1863年《ねん》

薩英戦争《さつえいせんそう》

薩摩藩士《さつまはんし》がイギリス人《じん》を殺傷《さっしょう》した「生麦《なまむぎ》事件《じけん》」を原因《げんいん》とする、薩摩藩《さつまはん》とイギリスとの戦争《せんそう》です。

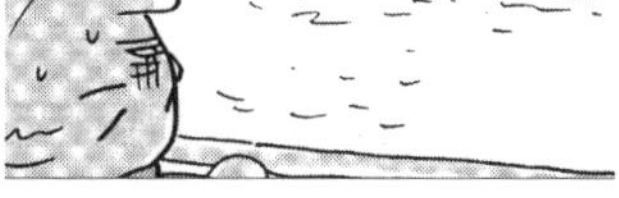

新《あたら》しい日本《にっぽん》の形《かたち》をつくった志士《しし》

坂《さか》本《もと》竜《りょう》馬《ま》

生没年《せいぼつねん》
【1835年《ねん》～
1867年《ねん》】
出身地《しゅっしんち》
【土佐国《とさのくに》（高知県《こうちけん》）】
身分《みぶん》
【浪士《ろうし》・志士《しし》】

パラメータ

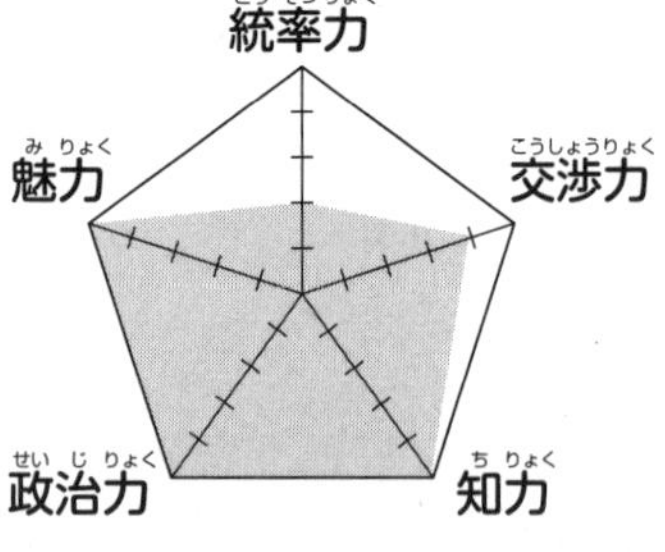

エピソード1

竜馬《りょうま》は手紙《てがみ》を書《か》くのが好《す》きだったようで、絵入《えい》りのものなどたくさんの手《て》紙《がみ》が残《のこ》っています。

エピソード2

新《あたら》しいもの好《ず》きだったようで、当時珍《とうじめずら》しかったブーツを履《は》いている写真《しゃしん》なども残《のこ》っています。

若《わか》き竜《りょう》馬《ま》に衝《しょう》撃《げき》を与《あた》えた黒《くろ》船《ふね》

土佐《とさ》国《くに》（今《いま》の高《こう》知《ち》県《けん》）の、太《たい》平《へい》洋《よう》を臨《のぞ》む桂浜《かつらはま》という海《かい》岸《がん》に近《ちか》い土《と》地《ち》で、**坂《さか》本《もと》竜《りょう》馬《ま》**は生《う》まれました。5人《にん》兄《きょう》弟《だい》の末《すえ》っ子《こ》だった竜《りょう》馬《ま》は、幼《おさな》い頃《ころ》、泣《な》き虫《むし》だったともいわれていますが、やがて力《ちから》強《づよ》く成《せい》長《ちょう》し、18歳《さい》の時《とき》、剣《けん》術《じゅつ》修《しゅ》行《ぎょう》のために江《え》戸《ど》に出《で》ています。

その年《とし》の6月《がつ》、神《か》奈《な》川《がわ》県《けん》横《よこ》須《す》賀《か》市《し》の浦《うら》賀《が》沖《おき》に、アメリカの軍《ぐん》艦《かん》が訪《おとず》れます。誰《だれ》も見《み》たこともないような巨《きょ》大《だい》な蒸《じょう》気《き》船《せん》は、「**黒《くろ》船《ふね》**」と呼《よ》ばれ、多《おお》くの人《ひと》々《びと》を驚《おどろ》かせました。

どんなに剣《けん》術《じゅつ》を修《しゅ》行《ぎょう》しても、とても勝《か》てそうもない巨《きょ》大《だい》な軍《ぐん》艦《かん》を目《め》にして、竜《りょう》馬《ま》も大《おお》きな衝《しょう》撃《げき》を受《う》けたようです。

尊《そん》王《のう》攘《じょう》夷《い》という時《じ》代《だい》の流《なが》れの中《なか》で

江《え》戸《ど》幕《ばく》府《ふ》は、これまで中《ちゅう》国《ごく》やオランダなど限《かぎ》られた国《くに》としか交《こう》流《りゅう》をしていませんでしたが、この黒《くろ》船《ふね》に乗《の》ってやってきたアメリカ軍《ぐん》人《じん》**ペリー**の強《つよ》気《き》な態《たい》度《ど》に負《ま》けて、国《くに》と国《くに》との交《こう》流《りゅう》を開《かい》始《し》する条《じょう》約《やく》を結《むす》びます。そんな幕《ばく》府《ふ》の態《たい》度《ど》に不《ふ》満《まん》をもった人《ひと》々《びと》は、「外《がい》国《こく》人《じん》を追《お》い出《だ》

せ」と叫《さけ》びつつ、幕府《ばくふ》に反抗《はんこう》し、天皇中心《てんのうちゅうしん》の世《よ》の中《なか》をつくろうという運動《うんどう》を起《お》こします。「**尊王攘夷**《そんのうじょうい》」と呼《よ》ばれる動《うご》きです。

竜馬《りょうま》も最初《さいしょ》はこの尊王攘夷《そんのうじょうい》の方向《ほうこう》に進《すす》むのですが、やがて、**勝海舟**《かつかいしゅう》という人《ひと》の「外国《がいこく》と交流《こうりゅう》して日本《にっぽん》の国《くに》を強《つよ》くしよう」という考《かんが》えに共感《きょうかん》し、弟子《でし》にしてもらいます。

その後《ご》竜馬《りょうま》は、勝海舟《かつかいしゅう》のもとで軍艦《ぐんかん》の操縦《そうじゅう》などを教《おし》える海軍塾《かいぐんじゅく》の開設《かいせつ》に加《くわ》わります。

新《あたら》しい時代《じだい》をつくるために大活躍《だいかつやく》

やがて竜馬《りょうま》は、幕府《ばくふ》を倒《たお》そうという気持《きも》ちはお互《たが》いもっていながらも仲《なか》の悪《わる》かった薩摩藩《さつまはん》と長州藩《ちょうしゅうはん》の人々《ひとびと》とそれぞれ会《あ》い、仲良《なかよ》くするよう働《はたら》きかけます。その結果《けっか》、両藩《りょうはん》は互《たが》いに協力《きょうりょく》し合《あ》う「**薩長連合**《さっちょうれんごう》」を組《く》み、幕府《ばくふ》に反抗《はんこう》する勢力《せいりょく》がとても強《つよ》くなっていったのです。

さらに竜馬《りょうま》は幕府《ばくふ》に政治《せいじ》の世界《せかい》から手《て》を引《ひ》くように働《はたら》きかけ、「**大政奉還**《たいせいほうかん》」を実現《じつげん》させます。戦争《せんそう》を起《お》こすことなく、江戸幕府《えどばくふ》を終《お》わらせることに成功《せいこう》したのです。

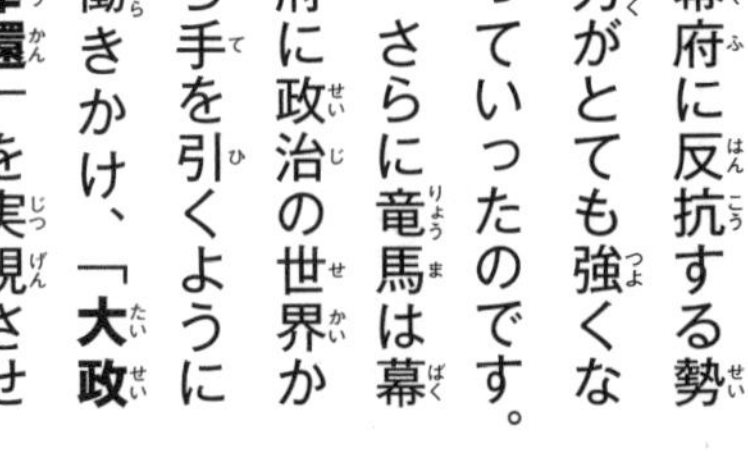
わかり申した！
なんとかするぜよ
中岡慎太郎《なかおかしんたろう》
たのんだぞ!!

ところが、その直後《ちょくご》、竜馬《りょうま》は暗殺《あんさつ》されてしまいます。誰《だれ》が竜馬《りょうま》の命《いのち》を奪《うば》ったのか、その真相《しんそう》はいまだにわかっていません。

竜馬《りょうま》の死後《しご》、薩摩《さつま》、長州《ちょうしゅう》ら新政府《しんせいふ》と旧幕府《きゅうばくふ》との戦《いくさ》がはじまります。結果《けっか》、幕府《ばくふ》は敗《やぶ》れ、新《あたら》しい明治《めいじ》の時代《じだい》が訪《おとず》れるのです。

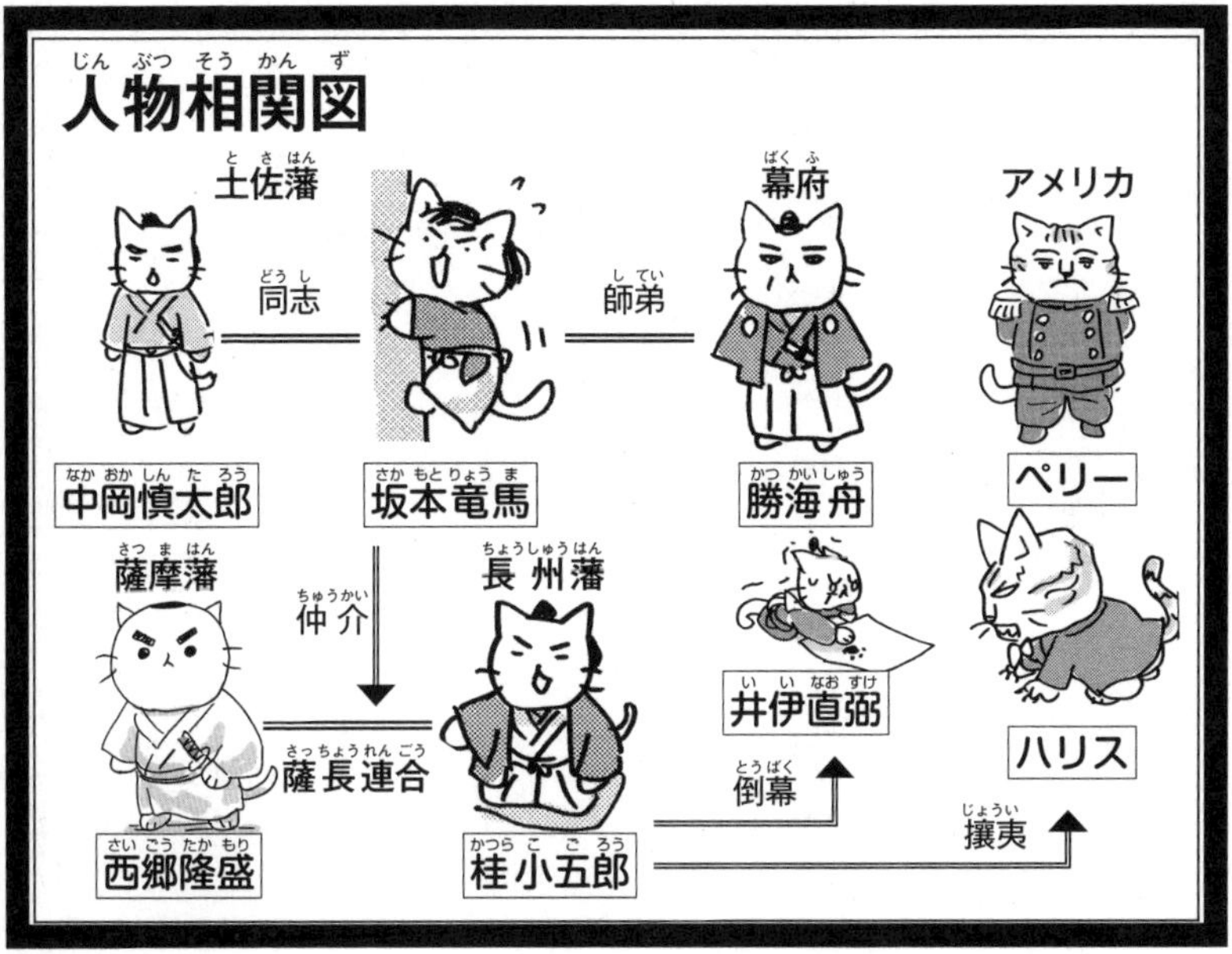

年号《ねんごう》ゴロゴロ
合《あ》わせ

1866年《ねん》 薩長連合《さっちょうれんごう》が成立《せいりつ》する

コラム

竜馬《りょうま》は、海軍塾《かいぐんじゅく》で一緒《いっしょ》だった仲間《なかま》と「亀山社中《かめやましゃちゅう》」という会社《かいしゃ》のようなものをつくりました。後《のち》に、「海援隊《かいえんたい》」と名《な》を変《か》えるこの組織《そしき》は、武器《ぶき》の輸入《ゆにゅう》をしたり、辞書《じしょ》のようなものをつくったりと大《おお》いに活躍《かつやく》をしました。

尊《そん》王《のう》攘《じょう》夷《い》派《は》と戦《たたか》った剣《けん》士《し》たち

新《しん》選《せん》組《ぐみ》

活《かつ》動《どう》期《き》間《かん》
【1863年《ねん》～
1869年《ねん》】
所《しょ》在《ざい》地《ち》
【京《きょう》(京《きょう》都《と》府《ふ》)～箱《はこ》館《だて》(函《はこ》館《だて》)】
身《み》分《ぶん》
【京《きょう》都《と》守《しゅ》護《ご》職《しょく》預《あず》かり】

パラメータ

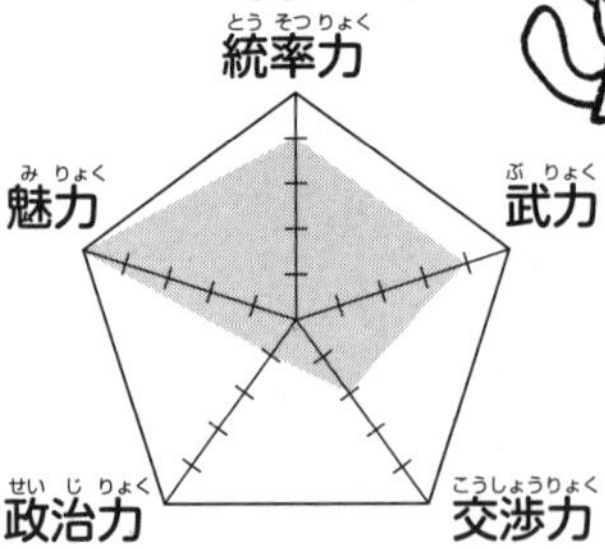

エピソード1

局長《きょくちょう》の近藤勇《こんどういさみ》は、握《にぎ》りこぶしを口《くち》の中《なか》に入《い》れることができるというのが特技《とくぎ》だったそうです。

エピソード2

新選組《しんせんぐみ》は坂本竜馬《さかもとりょうま》暗殺《あんさつ》の犯人《はんにん》だと噂《うわさ》されたため、海援隊《かいえんたい》と争《あらそ》いになったこともあります。

京《きょう》の安全《あんぜん》を守《まも》った新選組《しんせんぐみ》

江戸《えど》時代《じだい》も終《お》わりの頃《ころ》、日本《にっぽん》の開国《かいこく》が決《き》まってしばらくすると、幕府《ばくふ》に反抗《はんこう》する**尊王攘夷派**《そんのうじょういは》の人《ひと》たちの中《なか》から過激《かげき》な行動《こうどう》に出《で》る人《ひと》が出《で》てきます。日本《にっぽん》にいる外国人《がいこくじん》を襲《おそ》ったり、幕府《ばくふ》に味方《みかた》する人《ひと》たちを殺害《さつがい》したりといったことを行《おこな》うようになったのです。テロのようなものですね。

彼《かれ》らの活動《かつどう》の中心《ちゅうしん》は、天皇《てんのう》のいる京都《きょうと》だったので、京《きょう》の町《まち》はかなり危険《きけん》な状態《じょうたい》になっていました。そこで、尊王攘夷派《そんのうじょういは》の人々《ひとびと》を取《と》り締《し》まり、京《きょう》都《と》を安全《あんぜん》な町《まち》にしようと立《た》ち上《あ》がったのが**新選組**《しんせんぐみ》の人《ひと》たちでした。

農民出身《のうみんしゅっしん》でも強《つよ》かった！

もともと新選組《しんせんぐみ》の隊士《たいし》の多《おお》くは、将軍《しょうぐん》が京都《きょうと》に入《はい》る時《とき》の警備《けいび》を目的《もくてき》として結成《けっせい》された**浪士組**《ろうしぐみ》のメンバーでした。この浪士組《ろうしぐみ》はすぐに解散《かいさん》してしまったのですが、一部《いちぶ》のメンバーがそのまま京都《きょうと》に残《のこ》り、活動《かつどう》を続《つづ》けました。それが新選組《しんせんぐみ》です。

中心《ちゅうしん》となったのは、江戸《えど》で試衛館《しえいかん》という剣術道場《けんじゅつどうじょう》を開《ひら》いていた局長《きょくちょう》

（隊長《たいちょう》）の**近藤勇**《こんどういさみ》やその試衛館《しえいかん》に通《かよ》っていた副長《ふくちょう》の**土方歳三**《ひじかたとしぞう》などです。彼《かれ》らは剣術《けんじゅつ》の腕前《うでまえ》はすごかったのですが、実《じつ》は、もともとは武士《ぶし》でなく、農民《のうみん》の出身《しゅっしん》でした。しかし、将軍《しょうぐん》のために働《はたら》いて、悪《わる》い奴《やつ》らをやっつけようという気持《きも》ちは、武士以上《ぶしいじょう》に強《つよ》かったといいます。

武士《ぶし》らしく生《い》きた男《おとこ》たちの最期《さいご》

彼《かれ》らの名《な》を一躍有名《いちやくゆうめい》にしたのが「**池田屋事件**《いけだやじけん》」です。池田屋《いけだや》という宿《やど》でテロの計画《けいかく》を練《ね》っていた尊王攘夷派《そんのうじょういは》の武士《ぶし》たちのところに近藤《こんどう》や剣《けん》の達人《たつじん》・**沖田総司**《おきたそうじ》ら少数《しょうすう》の新選組隊士《しんせんぐみたいし》が踏《ふ》み込《こ》み、集《あつ》まっていた多《おお》くの尊王攘夷派《そんのうじょういは》の人々《ひとびと》を殺害《さつがい》したり、捕《つか》まえたりしたのです。この事件《じけん》での活躍《かつやく》が認《みと》められ、近藤《こんどう》らは武士《ぶし》として出世《しゅっせ》していくことになります。

しかし、時《とき》が過《す》ぎ、旧幕府軍《きゅうばくふぐん》と新政府軍《しんせいふぐん》との間《あいだ》で戦《いくさ》が起《お》こると、新選組《しんせんぐみ》も戦《たたか》いに加《くわ》わるようになります。しかし、彼《かれ》らの得意《とくい》な剣術《けんじゅつ》では、最新《さいしん》の大砲《たいほう》や銃《じゅう》で攻《せ》めてくる新政府軍《しんせいふぐん》にはなかなか勝《か》てませんでした。

やがて、近藤勇《こんどういさみ》は捕《つか》まって刑死《けいし》となり、土方歳三《ひじかたとしぞう》は戦死《せんし》、沖田総司《おきたそうじ》は結核《けっかく》で命《いのち》を落《お》とします。幕府《ばくふ》のため、将軍《しょうぐん》のため、誰《だれ》よりも武士《ぶし》らしく生《い》きた彼《かれ》らの多《おお》くが、江戸《えど》幕府《ばくふ》の崩壊後《ほうかいご》まもなく命《いのち》を落《お》としたのです。

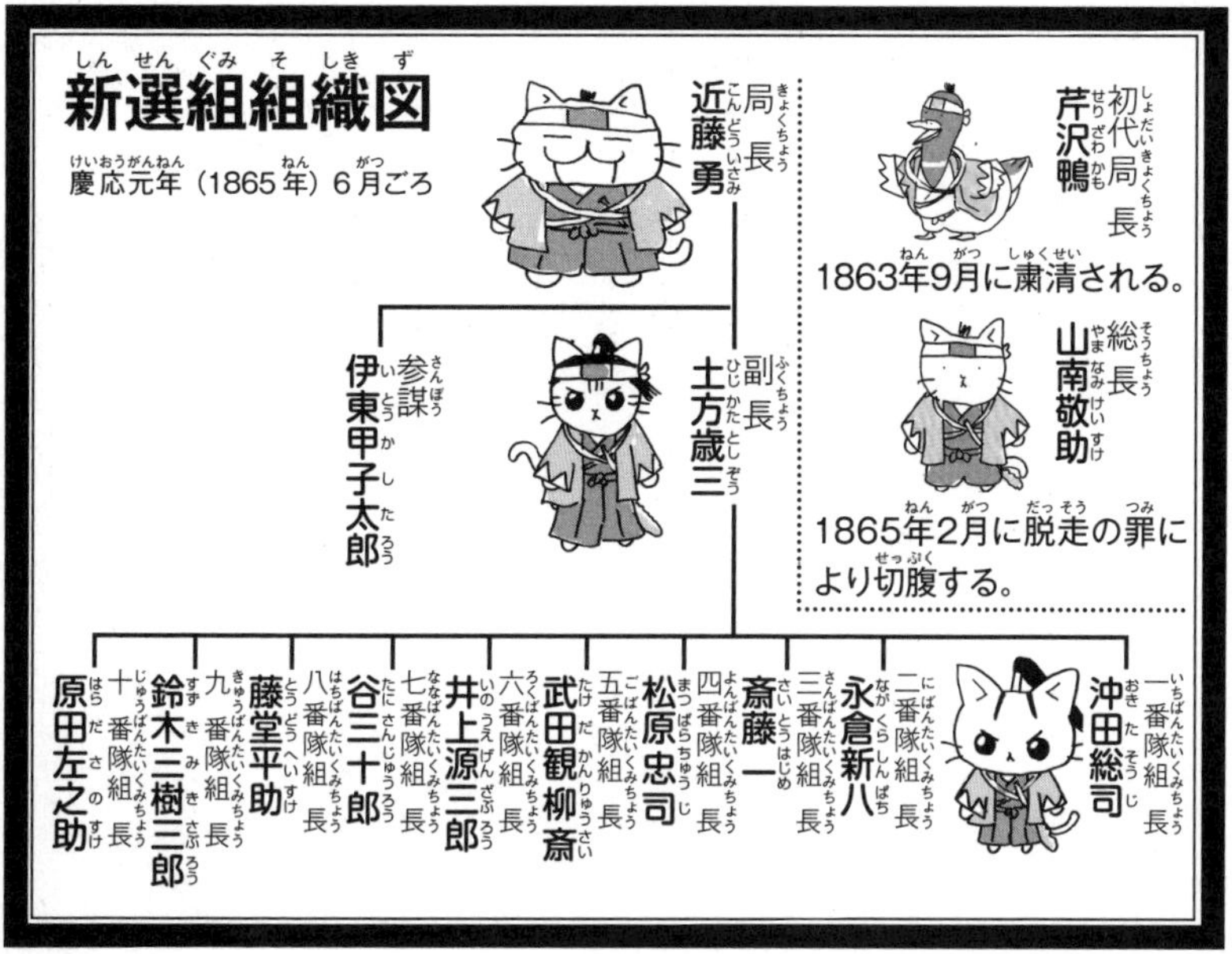

年号《ねんごう》ゴロゴロ合《あ》わせ

1864年《ねん》 新選組《しんせんぐみ》が池田屋事件《いけだやじけん》を起《お》こす

コラム

新選組《しんせんぐみ》の副長《ふくちょう》・土方歳三《ひじかたとしぞう》は、最後《さいご》まで新政府軍《しんせいふぐん》と戦《たたか》いました。京都《きょうと》、山梨《やまなし》、栃木《とちぎ》、福島《ふくしま》などで戦《たたか》いを繰《く》り広《ひろ》げ、最後《さいご》は北海道《ほっかいどう》の箱館《はこだて》（函館《はこだて》）で戦死《せんし》します。新政府《しんせいふ》と幕府《ばくふ》の戦《たたか》い（戊辰戦争《ぼしんせんそう》）の最初《さいしょ》から最後《さいご》まで参戦《さんせん》したのです。

ねこねこクイズ④

問題《もんだい》1

宮本武蔵《みやもとむさし》が佐々木小次郎《ささきこじろう》と決闘《けっとう》をした場所《ばしょ》はどこかニャ？

❶ 佐渡島《さどがしま》

❷ 与那国島《よなぐにじま》

❸ 巌流島《がんりゅうじま》

問題《もんだい》2

徳川綱吉《とくがわつなよし》は徳川家《とくがわけ》の何代目《なんだいめ》の将軍《しょうぐん》かニャ？

❶ 3代目《だいめ》

❷ 5代目《だいめ》

❸ 8代目《だいめ》

問題《もんだい》3

赤穂浪士《あこうろうし》たちの元《もと》の主《あるじ》である赤穂《あこう》藩《はん》の藩主《はんしゅ》は、誰《だれ》だったかニャ？

❶ 吉良上野介《きらこうずけのすけ》

❷ 堀部安兵衛《ほりべやすべえ》

❸ 浅野内匠頭《あさのたくみのかみ》

問題《もんだい》4

徳川吉宗《とくがわよしむね》が推《お》し進《すす》めた改革《かいかく》は次《つぎ》のどれかニャ？

❶ 享保《きょうほう》の改革《かいかく》

❷ 寛政《かんせい》の改革《かいかく》

❸ 天保《てんぽう》の改革《かいかく》

問題《もんだい》5

大塩平八郎《おおしおへいはちろう》が勤《つと》めたことのある組《そ》織《しき》は次《つぎ》のどれかニャ？

❶ 町火消《まちびけ》し
❷ 寺社奉行所《じしゃぶぎょうしょ》
❸ 大坂町奉行所《おおさかまちぶぎょうしょ》

問題《もんだい》6

坂本竜馬《さかもとりょうま》が作《つく》った貿易《ぼうえき》・海運会社《かいうんがいしゃ》の名前《なまえ》はどれかニャ？

❶ 赤報隊《せきほうたい》
❷ 彰義隊《しょうぎたい》
❸ 海援隊《かいえんたい》

問題《もんだい》7

坂本竜馬《さかもとりょうま》が江戸《えど》で弟子《でし》となった将《しょう》軍直属《ぐんちょくぞく》の家臣《かしん》は誰《だれ》かニャ？

❶ 桂小五郎《かつらこごろう》
❷ 勝海舟《かつかいしゅう》
❸ 吉田松陰《よしだしょういん》

問題《もんだい》8

新選組《しんせんぐみ》が尊王攘夷派《そんのうじょういは》の志士《しし》を大量《たいりょう》に討伐《とうばつ》した事件《じけん》は何《なに》かニャ？

❶ 寺田屋事件《てらだやじけん》
❷ 近江屋事件《おうみやじけん》
❸ 池田屋事件《いけだやじけん》

答え

答《こた》え1

③ 巌流島《がんりゅうじま》は、現在《げんざい》の山口県下関市《やまぐちけんしものせきし》にある無人島《むじんとう》で、正式名称《せいしきめいしょう》は船島《ふなしま》といいます。

答《こた》え2

② 3代目《だいめ》は徳川家康《とくがわいえやす》の孫《まご》・家光《いえみつ》。参《さん》勤交代制《きんこうたいせい》を設《もう》けるなど幕府《ばくふ》の体制《たいせい》を整《ととの》えました。8代目《だいめ》は吉宗《よしむね》です。

答《こた》え3

③ 吉良上野介《きらこうずけのすけ》は浅野内匠頭《あさのたくみのかみ》に襲《おそ》われた人《ひと》。堀部安兵衛《ほりべやすべえ》は高田馬場《たかだのばば》の決《けっ》闘《とう》で有名《ゆうめい》な赤穂浪士《あこうろうし》の1人《ひとり》です。

答《こた》え4

① 寛政《かんせい》の改革《かいかく》は1787年《ねん》から松平《まつだいら》定信《さだのぶ》が、天保《てんぽう》の改革《かいかく》は1841年《ねん》から水野忠邦《みずのただくに》が行《おこな》いました。

答《こた》え5

③ 大坂町奉行所《おおさかまちぶぎょうしょ》の与力《よりき》という役職《やくしょく》で、警察官《けいさつかん》のような働《はたら》きをしていました。私塾《しじゅく》も開《ひら》いています。

答《こた》え6

③ 海援隊《かいえんたい》は亀山社中《かめやましゃちゅう》という会社《かいしゃ》が前《ぜん》身《しん》で、日本《にっぽん》で初《はじ》めての株式会社《かぶしきがいしゃ》ともいわれています。

答《こた》え7

② 桂小五郎《かつらこごろう》は長州藩《ちょうしゅうはん》代表《だいひょう》として薩長《さっちょう》連合《れんごう》を結《むす》んだ志士《しし》、吉田松陰《よしだしょういん》は松《しょう》下村塾《かそんじゅく》で志士《しし》を育《そだ》てた思想家《しそうか》です。

答《こた》え8

③ この事件《じけん》によって、京都《きょうと》でのテロ計画《けいかく》が失敗《しっぱい》し、尊王攘夷派《そんのうじょういは》の有力《ゆうりょく》者《しゃ》が多数《たすう》亡《な》くなりました。

日本史年表《にほんしねんぴょう》

弥生《やよい》	239年《ねん》	卑弥呼《ひみこ》、魏《ぎ》に使《つか》いを送《おく》る
古墳《こふん》	538年《ねん》	仏教《ぶっきょう》が日本《にっぽん》に伝来《でんらい》する
飛鳥《あすか》	593年《ねん》	聖徳太子《しょうとくたいし》が摂政《せっしょう》になる
	604年《ねん》	十七条憲法《じゅうしちじょうけんぽう》を制定《せいてい》する
	645年《ねん》	大化《たいか》の改新《かいしん》が行《おこな》われる
	672年《ねん》	壬申《じんしん》の乱《らん》が起《お》こる
奈良《なら》	710年《ねん》	平城京《へいじょうきょう》に遷都《せんと》する
	729年《ねん》	藤原光明子《ふじわらこうみょうし》が皇后《こうごう》になる
	743年《ねん》	墾田永年私財法《こんでんえいねんしざいほう》を施行《せこう》する
	752年《ねん》	東大寺大仏《とうだいじだいぶつ》が完成《かんせい》する
平安《へいあん》	794年《ねん》	平安京《へいあんきょう》に遷都《せんと》する
	804年《ねん》	最澄《さいちょう》と空海《くうかい》が唐《とう》に渡《わた》る
	894年《ねん》	遣唐使《けんとうし》が廃止《はいし》される
	1016年《ねん》	藤原道長《ふじわらのみちなが》が摂政《せっしょう》になる
	1086年《ねん》	白河上皇《しらかわじょうこう》が院政《いんせい》を開始《かいし》
	1156年《ねん》	保元《ほうげん》の乱《らん》が起《お》こる
	1159年《ねん》	平治《へいじ》の乱《らん》が起《お》こる
	1185年《ねん》	壇ノ浦《だんのうら》の戦《たたか》いで平氏《へいし》が滅亡《めつぼう》する
	1192年《ねん》	源《みなもとの》頼朝《よりとも》が征夷大将軍《せいいたいしょうぐん》に

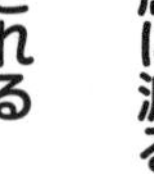

鎌倉《かまくら》

1232年《ねん》　御成敗式目《ごせいばいしきもく》が制定《せいてい》される

1274年《ねん》　文永《ぶんえい》の役《えき》が起《お》こる

1281年《ねん》　弘安《こうあん》の役《えき》が起《お》こる

1333年《ねん》　鎌倉幕府《かまくらばくふ》が倒《たお》される

室町《むろまち》

南北朝《なんぼくちょう》

1334年《ねん》　建武《けんむ》の新政《しんせい》がはじまる

1336年《ねん》　南北朝《なんぼくちょう》に分裂《ぶんれつ》する

1338年《ねん》　足利尊氏《あしかがたかうじ》が征夷大将軍《せいいたいしょうぐん》に

1392年《ねん》　南北朝《なんぼくちょう》が合体《がったい》する

1404年《ねん》　勘合貿易《かんごうぼうえき》がはじまる

1467年《ねん》　応仁《おうにん》の乱《らん》が起《お》こる

戦国《せんごく》

1543年《ねん》　鉄砲《てっぽう》が伝来《でんらい》する

1560年《ねん》　桶狭間《おけはざま》の戦《たたか》いが起《お》こる

1561年《ねん》　第四次川中島《だいよじかわなかじま》の戦《たたか》いが起《お》こる

安土桃山《あづちももやま》

1572年《ねん》　三方ヶ原《みかたがはら》の戦《たたか》いが起《お》こる

1575年《ねん》　長篠《ながしの》の戦《たたか》いが起《お》こる

1582年《ねん》　本能寺《ほんのうじ》の変《へん》が起《お》こる

1589年《ねん》　摺上原《すりあげはら》の戦《たたか》いが起《お》こる

1590年《ねん》　豊臣秀吉《とよとみひでよし》が天下統一《てんかとういつ》する

1592年《ねん》　文禄《ぶんろく》の役《えき》が起《お》こる

1597年《ねん》　慶長《けいちょう》の役《えき》が起《お》こる

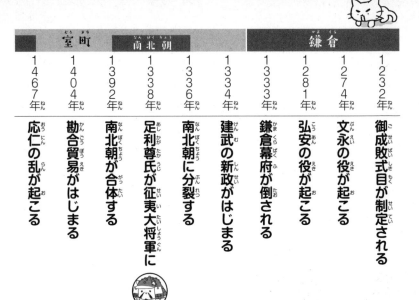

江戸《えど》

- 1600年《ねん》 関《せき》ヶ原《がはら》の戦《たたか》いが起《お》こる
- 1603年《ねん》 徳《とく》川《がわ》家《いえ》康《やす》が征《せい》夷《い》大《たい》将《しょう》軍《ぐん》に

- 1614年《ねん》 大《おお》坂《さか》冬《ふゆ》の陣《じん》が起《お》こる

- 1615年《ねん》 大《おお》坂《さか》夏《なつ》の陣《じん》が起《お》こる
- 1635年《ねん》 参《さん》勤《きん》交《こう》代《たい》が制《せい》度《ど》化《か》される
- 1639年《ねん》 「鎖《さ》国《こく》」が完《かん》成《せい》する
- 1685年《ねん》 生《しょう》類《るい》憐《あわれ》みの令《れい》を発《はつ》令《れい》

- 1702年《ねん》 赤《あ》穂《こう》浪《ろう》士《し》が討《う》ち入《い》りする

- 1709年《ねん》 新《あら》井《い》白《はく》石《せき》が政《せい》治《じ》に参《さん》加《か》
- 1716年《ねん》 享《きょう》保《ほう》の改《かい》革《かく》がはじまる

江戸《えど》

- 1767年《ねん》 田《た》沼《ぬま》意《おき》次《つぐ》が政《せい》治《じ》に参《さん》加《か》
- 1787年《ねん》 寛《かん》政《せい》の改《かい》革《かく》がはじまる
- 1837年《ねん》 大《おお》塩《しお》平《へい》八《はち》郎《ろう》の乱《らん》が起《お》こる

- 1841年《ねん》 天《てん》保《ぽう》の改《かい》革《かく》がはじまる
- 1853年《ねん》 ペリーが浦《うら》賀《が》に来《らい》航《こう》する
- 1858年《ねん》 日《にち》米《べい》修《しゅう》好《こう》通《つう》商《しょう》条《じょう》約《やく》を結《むす》ぶ
- 1860年《ねん》 桜《さくら》田《だ》門《もん》外《がい》の変《へん》が起《お》こる
- 1864年《ねん》 池《いけ》田《だ》屋《や》事《じ》件《けん》が起《お》こる
- 1866年《ねん》 薩《さっ》長《ちょう》連《れん》合《ごう》が成《せい》立《りつ》する

- 1867年《ねん》 大《たい》政《せい》奉《ほう》還《かん》が行《おこな》われる

原作
そにしけんじ
1969年札幌生まれ。筑波大学芸術専門学群視覚伝達デザインコース卒業。
現在、COMICリュエル連載の『ねこねこ日本史』(実業之日本社)、
小学二年生連載『ハテナ?まほう学校』(小学館)、
コミックニュータイプ連載『ねこ戦 三国志にゃんこ』(KADOKAWA)など多数連載中。
他の作品に『猫ピッチャー』(中央公論新社)、
『猫ラーメン』、『猫探偵』(ともにマッグガーデン)などがある。

監修
福田智弘
1965年埼玉県生まれ。1989年東京都立大学(現・首都大学東京)人文学部卒業。

主な著書に、ベストセラー『世界史もわかる日本史』シリーズ、

『裏も表もわかる日本史[江戸時代編]』、

『世界が驚いたニッポンの芸術 浮世絵の謎』(以上、実業之日本社)、

『ビジネスに使える「文学の言葉」』(ダイヤモンド社)、

『豪商たちがつくった幕末・維新』(彩図社)などがある。

ねこねこ日本史《にほんし》でよくわかる　日本《にほん》の歴史《れきし》
2016年8月24日　初版第1刷発行
2016年9月23日　初版第2刷発行

原　作　そにしけんじ　©Kenji Sonishi 2016
監修者　福田智弘　©Tomohiro Fukuda 2016
発行者　岩野裕一
発行所　株式会社 実業之日本社
〒153-0044 東京都目黒区大橋1-5-1　クロスエアタワー8階
【編集部】03-6809-0473
【販売部】03-6809-0495
装　幀　関 善之+村田慧太朗(ボラーレ)
印　刷　大日本印刷株式会社
製本所　株式会社ブックアート

Printede in Japan　ISBN978-4-408-41439-3(第二漫画)
実業之日本社ホームページ　http://www.j-n.co.jp/
落丁・乱丁の場合は小社でお取り換えいたします。